L'ÊTRE NUMÉRIQUE

L'ÊTRE NUMÉRIQUE

Michel Habert

L'homme a tant fauté qu'aucune punition
n'est à exclure
Eldorado – Laurent Gaudé

PRÉAMBULE

Après les années 1500, l'Europe occidentale a vu le début de la révolution scientifique et technique. L'époque du moyen Âge qui avait connu de nombreux progrès techniques avec une accélération en Europe au XIIème siècle des inventions, des innovations concernant les moyens de production a alors laissé la place à l'époque moderne qui s'est arrêtée vers 1750. La technique qui historiquement avait précédé la science a interagi dorénavant avec elle. Science et technique vont ainsi dépendre étroitement l'une de l'autre. Plus tard, plusieurs révolutions industrielles se sont succédées : première révolution industrielle (machine à vapeur, charbon) au milieu du XVIIIème siècle (1750), seconde révolution industrielle (électricité, charbon) au milieu du XIXème siècle (1850) et troisième révolution industrielle (informatique, communications, aérospatial, nucléaire) au XXème siècle (1950). C'est au cours de cette troisième révolution industrielle que l'informatique et les communications ont été à l'origine du démarrage de la révolution numérique provoquée par l'essor des sciences et techniques numériques. La révolution numérique s'accompagne aujourd'hui de bouleversements majeurs dus aux effets de la transformation numérique à laquelle peu de domaines de la vie des êtres humains échappent.

Mais que faut-il comprendre et attendre de cette transformation ?

Pour prendre en compte le niveau de l'évolution des techniques numériques et leur impact humain, animal, environnemental et sociétal, cet essai propose le concept d'être numérique appartenant à l'espèce numérique considérée comme une évolution artificielle de l'espèce humaine.

INTRODUCTION

L'être humain est considéré comme intelligent c'est-à-dire capable de résoudre des problèmes. Il le doit à son cerveau, un organe très complexe. Son intelligence lui a servi depuis la nuit des temps à acquérir des connaissances pour maîtriser des sciences et des techniques dans un spectre qui s'étend depuis l'infiniment petit jusqu'à l'infiniment grand. De nombreuses inventions et innovations dans tous les domaines sont ainsi apparues au cours des siècles. Dans les débuts du XXIe siècle considéré comme le siècle de la connaissance, l'existence des êtres humains a connu un grand bouleversement du à une invention humaine du siècle passé : l'informatique. L'informatique numérise le monde en représentant actuellement toute information qui devient ressource par des éléments binaires c'est-à-dire des 0 et des 1. L'information est le principal véhicule de la connaissance et ce sont les systèmes d'information mis en œuvre par des systèmes informatiques, qui traitent l'information. Les êtres humains destinataires de l'information font usage de leur savoir pour que l'information délivrée devienne une connaissance sous une forme numérique. Et si cette connaissance bénéficiait aussi à des êtres numériques qui appartiennent à l'espèce numérique ? Ce concept est introduit dans ce document pour matérialiser l'interpénétration du numérique dans la vie de l'être humain et proposer sous l'appellation être numérique, une entité numérique qui va interagir, cohabiter et parfois se substituer à l'être humain.

Que va-t-il en résulter, du positif, du négatif, du bon, du mauvais ?
Quelle place, quel rôle va prendre l'être numérique ?

Cet essai comprend trois chapitres : le premier chapitre décrit des techniques numériques et leur potentiel, le deuxième chapitre traite de l'impact du numérique dans la vie des êtres humains. Le dernier chapitre introduit le concept d'être numérique et en donne quelques exemples. Les deux premiers chapitres permettent de comprendre pourquoi le concept d'être numérique est proposé. Le lecteur rebuté par les techniques numériques peut se limiter à la conclusion du premier chapitre.

TECHNIQUES NUMÉRIQUES

L'ORIGINE

Dans tout bouleversement majeur, il est intéressant de s'intéresser à son origine, son point de départ, comme le *Big bang* qui a marqué l'origine de notre univers. Dans le cas du numérique ou du digital, l'origine du bouleversement proposée est l'invention de l'informatique classique. Comprendre les possibilités, les évolutions et de l'informatique et des innovations qu'elle a permises est essentiel pour comprendre l'ampleur du phénomène de la révolution numérique en cours.

L'informatique doit énormément à son inventeur Alan Turing qui a publié en 1936 un modèle de machine qui porte son nom : la machine abstraite de Turing. Cette machine est basée sur un principe fondamental, la séparation entre le logiciel (immatériel) et le matériel (physique). Le logiciel consiste en des programmes qui sont des séquences d'instructions qui constituent des algorithmes. Les matériels qui exécutent les programmes sont des appareils programmables (ordinateurs, tablettes, smartphones,…), qui sont des machines physiques dérivées de la machine de Turing.

L'INFORMATIQUE CLASSIQUE

L'informatique classique traite, stocke, transmet des éléments binaires appelés bits. Le bit ou élément binaire est l'unité de mesure de base de l'information en informatique classique. Il est désigné le plus souvent par les chiffres 0 et 1. Ces valeurs ont des représentations physiques qui dépendent des techniques utilisées par l'électronique des matériels qui traitent, stockent, transmettent des bits. Une tension électrique est un type de représentation physique d'un bit.

Plusieurs bits sont groupés pour représenter des informations comme des nombres, des caractères, des échantillons de son, des pixels d'image fixe ou d'image animée (vidéo). La taille d'un groupement de bits c'est-à-dire le nombre de bits qui le constitue, dépend de la technique de codage et du type d'information représenté. Parmi les groupements les plus courants de bits on trouve l'octet composé de 8 bits. Les ordinateurs courants calculent sur des groupes de 8 bits, par exemple 32 bits, 64 bits. L'octet est utilisé par le code ASCII qui permet de coder les caractères sur 8 bits, soit 256 caractères possibles. L'octet est également utilisé comme unité de mesure de la capacité d'une mémoire (disque, clé USB…). La vitesse de transmission d'une liaison généralement exprimée en bits par seconde (bps) peut également s'exprimer en octets par seconde. Une autre unité de groupement de bits, le « mot machine », est l'unité de base manipulée par un processeur (machine qui traite les bits) Des tailles de mots machine sont 16 bits, 32 bits, 64 bits, 128 bits. Plus la taille du mot machine est grande, plus le processeur est puissant.

Comment sont exécutés des programmes ?

LES PROCESSEURS

L'élément matériel d'un ordinateur (ou de tout autre appareil programmable) qui exécute des programmes est le processeur de traitement (encore appelé moteur). Un processeur est composé de différents circuits électroniques qui exécutent des instructions contenues dans des programmes. Quand tous les circuits d'un processeur sont miniaturisés et regroupés dans un boitier unique, on utilise le terme microprocesseur. Une instruction est composée de plusieurs champs (code opération, adresse) qui sont des informations qui indiquent au processeur ce qu'il doit faire. Pour exécuter une instruction, un processeur utilise comme zones de travail des registres qui sont des mémoires de quelques octets. Les registres sont soit spécialisés, soit généraux. Plusieurs instructions peuvent être nécessaires pour réaliser une opération. Une opération peut être une lecture ou écriture de données à partir de ou vers une mémoire ou un appareil de stockage, un calcul mathématique, une comparaison, une recherche en mémoire, un transfert entrant ou sortant de données à partir de ou vers un appareil ou un réseau de données. Les processeurs courants traitent aujourd'hui des instructions qui ont une taille de 64 bits. La partie adresse d'une instruction de 64 bits permet une capacité d'adressage de données de 2^{64} octets (18 446 744 073 709 551 616 octets). Les données sont stockées en mémoire. On distingue plusieurs types de mémoires. Les mémoires internes encore appelées mémoires vives ont des capacités de plusieurs gigaoctets et sont utilisées par le processeur. Les mémoires externes sont des appareils de stockage (exemple clé USB, disque de stockage), avec un accès aux données plus long mais avec des capacités de stockage qui peuvent être très importantes.

Dans un ordinateur (ou tout autre appareil programmable), pour récupérer de l'extérieur ou envoyer vers l'extérieur des données, un processeur exécute des instructions d'entrées sorties qui pilotent des contrôleurs de périphériques (clavier, souris, imprimante, mémoires de stockage de masse (disques, clés USB...), réseaux de communication...). Pour des raisons de performance, des co-processeurs qui sont des processeurs spécialisés, sont rajoutés aux côtés des processeurs classiques. Les co-processeurs traitent de manière optimisée des fonctions arithmétiques (calcul en virgule flottante), graphiques (rendu 2D, 3D), cryptographiques, quantiques.

Des plages de puissance très étendues

Les ordinateurs, plus généralement les appareils programmables se déclinent en gammes de puissance, de rapidité et de prix qui varient sur une très large échelle.

En entrée de gamme, Les microcontrôleurs se présentent sous la forme d'un seul circuit. Sur ce type de circuit sont intégrés le processeur et les éléments complémentaires d'un ordinateur : mémoire interne, contrôleurs de périphériques. Les microcontrôleurs ont une consommation réduite, des performances limitées, des coûts réduits. Ils sont utilisés dans de nombreux équipements industriels et grand public comme dans l'électroménager et l'audio-vidéo.

Les ordinateurs de gamme moyenne sont utilisés par les systèmes informatiques des entreprises. Les ordinateurs personnels *personal computers (PCs)* utilisent des processeurs qui sont des microprocesseurs avec tous les composants rassemblés dans un seul boitier.

Dans le haut de gamme, on trouve des gros systèmes comme les super calculateurs, et les unités centrales des mainframes issus de l'informatique centralisée des années 1960. Les gros systèmes informatiques se caractérisent par leur robustesse, stabilité et puissance de traitement. Leurs utilisateurs sont de grandes entreprises comme les organismes financiers, les grandes entreprises industrielles,

les compagnies d'assurance, les entités gouvernementales, les services météorologiques, les centres d'étude nucléaire…

Le supercalculateur Summit construit par la société IBM pour le département américain de l'Energie a été présenté en juin 2018 comme le super calculateur le plus puissant du monde capable d'effectuer 200 millions de milliards d'opérations en virgule flottante par seconde. Il est destiné à des applications dans les domaines de l'astrophysique, la recherche médicale…

LES DONNÉES

Un ordinateur ou toute autre machine qui est programmable traite des données. Les données sont représentées par des 0 et des 1. Leur représentation dépend de la technique de codage utilisée. Une donnée de base n'a pas de sens. Il faut qu'elle soit qualifiée par une métadonnée. Les métadonnées sont de niveau supérieur aux données. Elles sont implicites ou explicites. Des métadonnées implicites ne donnent lieu à aucune représentation, c'est le contexte qui donne un sens aux données manipulées et qui incarne la métadonnée. Des métadonnées explicites sont des données qui donnent un sens aux données sur lesquelles elles portent. Des métadonnées peuvent également porter sur des ensembles de données. Par exemple, prenons la donnée 25 qui sans autre précision n'a pas de sens. Représente-t-elle une longueur, une température, un poids, autre chose ? et avec quelle unité ? Associons la métadonnée de valeur 1 à la donnée 25 qui par convention va représenter des degrés Celsius. La métadonnée 1 associée à 25 va signifier que 25 est une température en degrés Celsius. Des données qualifiées par des métadonnées implicites ou explicites sont des informations. Ce sont des données avec un sens.

Une information peut représenter des chiffres, des nombres, du texte, du son, une image, une vidéo (ensemble d'images animées), un signal électrique numérisé. Toutes ces représentations qui se traduisent par des 0 et des 1 sont des informations numériques.

Les données sont rangées dans des fichiers stockés en mémoire, par exemple une mémoire de masse réalisée avec un disque à rotation mécanique. Un fichier est comparable à une boite dans laquelle sont rangés des 0 et des 1. Des logiciels de gestion de fichiers font partie des systèmes d'exploitation (logiciels systèmes). Ils permettent de gérer les données dans un fichier : ajouter des données, supprimer des données, retrouver des données…

La représentation d'une information dépend du codage utilisé, par exemple le code ASCII représente des caractères. La représentation binaire de la lettre A est : « 01000001 ».

LES COMMUNICATIONS INTERNES

Les composants internes d'un ordinateur (processeur, mémoire, contrôleurs) communiquent entre eux. Ces communications sont réalisées avec des bus de communication très rapides. Un ordinateur communique aussi vers l'extérieur via des composants électroniques appelés contrôleurs d'entrées sorties. Certains contrôleurs gèrent des appareils appelés périphériques situés dans l'environnement de l'ordinateur (exemples : clavier, écran, clé USB, imprimante, disque externe), d'autres gèrent des accès réseau pour des communications locales (réseaux locaux) ou longue distance. La couverture d'Internet, le réseau d'interconnexion des réseaux, est planétaire.

LE LOGICIEL

Le logiciel est immatériel. Ce sont des instructions et des données décrites par des éléments de langages informatiques qui se traduisent par des programmes informatiques. Les programmes informatiques décrivent des algorithmes. En utilisant des outils appelés assembleurs ou compilateurs, les programmes informatiques génèrent du code binaire composé d'instructions qui, lors de l'exécution d'un programme sont exécutées par un processeur. Un processeur qui exécute une instruction manipule les données via des registres.

Les logiciels entrent dans plusieurs catégories. On distingue ceux qui gèrent les ressources matérielles d'un système informatique (ordinateur). Ces logiciels entrent dans la catégorie des systèmes d'exploitation. Les systèmes d'exploitation sont des ensembles de services qui gèrent les ressources matérielles d'un ordinateur. Des exemples de systèmes d'exploitation sont : LINUX, Windows 10 le plus récent système d'exploitation de Microsoft, Android (Google) et iOS (Apple) utilisés dans les tablettes et les smartphones. Citons également des systèmes d'exploitation utilisés sur de moyens ou gros systèmes : GCOS (*General*

Comprehensive System) de Bull (ATOS), MVS (*Multiple Virtual Storage*) et VM (*Virtual machine*) d'IBM. Au-dessus des logiciels des systèmes d'exploitation, on trouve des logiciels intermédiaires appelés intergiciels (*middleware*). Ces logiciels facilitent le développement des applications en fournissant des services qu'en général la plupart des applications utilisent (communication, sécurité, gestion de bases de données, intégration (services d'adaptation qui permettent à de vieilles applications de continuer à être utilisées dans de nouveaux systèmes informatiques), transactions, gestionnaires de bases de données (Oracle, MySQL),...). Au-dessus des logiciels intergiciels (*middleware*), se trouvent les logiciels des applications métier. Le terme métier signifie que les logiciels des applications traitent les préoccupations spécifiques de métiers, par exemple l'assurance, la banque, l'éducation, des secteurs de l'industrie du commerce...

Citons également les progiciels qui regroupent intergiciels et logiciel métier pour un domaine d'application précis, exemple un progiciel de comptabilité. L'utilisateur d'un progiciel n'a en principe qu'à paramétrer le progiciel pour l'adapter à ses besoins.

Les programmes qui décrivent des algorithmes et qui entrent dans la composition des logiciels sont écrits par des programmeurs qui utilisent des langages informatiques. Un langage informatique permet de donner des instructions à un ordinateur. Il y a une grande variété de langages adaptés à leur cas d'utilisation. Certains sont adaptés aux systèmes d'exploitation (assembleur, PL, C, C++) d'autres aux applications (Java est un langage portable, les programmes écrits en Java sont exécutables sur différents systèmes d'exploitation où la machine virtuelle Java a été portée) ; le langage Fortran est utilisé pour les applications scientifiques ; Cobol est un langage de gestion créé en 1959, toujours en vigueur ; l'internet protocol (IP), est une famille de protocoles de communication de réseaux informatiques qui sont le langage d'Internet ; SCADE (*Safety Critical Application Development Environment*) est utilisé pour la conception de logiciels critiques dans les domaines de l'aéronautique, du ferroviaire, des centrales nucléaires... SCADE est basé sur le langage synchrone déclaratif LUSTRE. Ce langage permet d'exprimer de manière précise, des actions en temps réel sur des systèmes de contrôle-commande suite à l'analyse à des intervalles de temps qui peuvent être très courts (quelques millisecondes), de flux de données provenant de sources comme par exemple des capteurs.

TECHNIQUES NUMÉRIQUES

Les métalangages sont des langages qui permettent de décrire des langages. On peut citer UML (*Unified Modeling Language*) langage de définition graphique de modélisation, HTML (*HyperText Markup Language*) langage de description de format de document utilisé pour l'écriture de pages Web, XML (*Extensible Markup Language*) langage à balises extensibles. Ce langage générique permet de définir plusieurs langages avec chacun leur vocabulaire et leur grammaire. Avec ce langage, des systèmes d'information hétérogènes peuvent établir des communications.

Les assembleurs, compilateurs, interpréteurs, sont des outils pour générer le code exécutable de programmes écrits avec un langage de programmation.

SYSTÈMES NUMÉRIQUES

Différents équipements matériels (ordinateurs, périphériques, appareils...) et des programmes (logiciels) sont mis en œuvre pour le traitement de l'information. Ils constituent des systèmes numériques ou encore systèmes informatiques. Les systèmes informatiques supportent des systèmes d'information.

NUMÉRIQUE ET DIGITAL

En français, ces deux mots sont utilisés indifféremment. On notera toutefois que le terme numérique est davantage utilisé à destination du grand public alors que les professionnels utilisent plutôt le terme digital. Les Anglos saxons n'ont pas ce problème et utilisent le terme *digital*.

Le terme numérique s'utilise dans des expressions comme économie numérique, révolution numérique, métiers du numérique, continent numérique... Dans le domaine de la voix, des images et de la vidéo et plus généralement des signaux physiques, numérique s'oppose à analogique. Un signal analogique sera transformé en signal numérique suite à une opération de numérisation qui consiste à représenter un signal à un instant donné par une chaîne de bits.

COMBIEN ÇA COUTE

S'il y a quelque chose qui serait un frein au déploiement des processeurs, ce n'est pas le prix. Les micro-contrôleurs (encore appelés circuits) ont des prix très bas, qui démarrent à quelques euros (le circuit xCore XS1-L4-64 de la société XMOS qui est doté de quatre cœurs de processeurs logiques 32 bits est commercialisé au prix de 2,95 $ l'unité par quantité de cent pièces). La gamme de prix des ordinateurs est également très étendue de quelques dizaines à des millions d'euros. Par exemple, le prix d'un ordinateur d'entrée de gamme équipé d'un processeur ARM démarre à 45 dollars US. Le prix des PC portables, PC de bureau, tablettes, sont dans une fourchette de cent euros à plus de deux mille euros. En moyenne, les dépenses concernant à la fois les coûts d'investissement et de fonctionnement d'un mainframe en France sont de 19 millions d'euros par an. Cette gamme de prix rend possible la dissémination et l'utilisation d'équipements informatiques dans une grande variété d'applications : machines de traitement (serveurs), équipements de réseaux, de stockage de masse, ordinateurs individuels (PCs), téléphones, tablettes, véhicules, robots, machines outils, appareils.

QUELQUES UNITÉS

L'informatique n'a cessée d'évoluer en puissance et en rapidité. Il est nécessaire de se familiariser avec quelques unités utilisées fréquemment.

Le Million d'Instructions exécutées par seconde (MIPS) est une unité de mesure des performances d'un processeur utilisé dans un système avec une architecture donnée.

Pour les calculs scientifiques Le nombre d'opérations exécutées en virgule flottante (FLOPS) caractérise la puissance d'un processeur dédié au calcul scientifique.

La fréquence d'un processeur s'exprime en Giga Hertz (GHz), elle signifie le nombre d'opérations de base qu'un processeur exécute. Un processeur dont la fréquence est de 3GHz (3 Giga Hertz) exécute 3 milliards d'opérations de base à la seconde.

Les quantités d'octets (un octet représente 8 éléments binaires 0 et 1) utilisées pour désigner des tailles de fichiers de données, des mémoires, des volumes de stockage de données sur une unité de stockage sont exprimées avec les unités suivantes :

Le mégaoctet (Mo) et le gigaoctet (Go) représentent respectivement un million d'octets et un milliard d'octets. Le teraoctet (To) représente mille milliards d'octets (10^{12}), le petaoctet (Po) représente un million de milliards d'octets (10^{15}).

Le mégabit par seconde (Mbit/s) million de bits par seconde à ne pas confondre avec le MIPS, le gigabit par seconde (Gbit/s) milliard de bits par seconde et le térabit par seconde (Tbit/s) mille milliard de bits par seconde sont des unités de débits binaires de 0 et de 1 sur des lignes de transmission de réseaux informatiques.

LA PUISSANCE DES PROCESSEURS

La loi de Gordon Moore, co-fondateur de la société Intel, a été élaborée en 1965. Elle prédit le doublement de puissance des processeurs de traitement tous les deux ans environ. Pendant cinquante ans, elle s'est vérifiée. Une autre démarche de progression dans la puissance des processeurs est le plus que Moore (*more than Moore*) qui porte sur l'intégration de microprocesseurs avec des composants hétérogènes à destination d'objets connectés et d'appareils mobiles. Le plus de Moore (*more Moore*) entraine des coûts de développement plus importants car on approche des limites physiques pour la miniaturisation des composants électroniques et l'échauffement.

Les ordinateurs multiprocesseurs ainsi que multi-cœurs (un cœur de processeur est autonome pour l'exécution d'un ou d'une partie de programme) sont des techniques de parallélisme très utilisées pour augmenter la puissance de traitement des processeurs. La technique multi-cœurs est couramment utilisée par tous les types de processeurs, microprocesseurs et microcontrôleurs actuels.

Le nombre d'instructions par seconde caractérise la puissance de traitement par des processeurs. Comme exemple de l'évolution en puissance des processeurs avec les années, l'iPhone 5 de 2012, a des capacités de traitement informatique qui sont 2,7 fois supérieures à celles du super ordinateur Cray-2 de 1985.

LES MÉMOIRES

Les mémoires sont des dispositifs qui permettent de stocker des 0 et des 1, on distingue deux catégories de mémoires. Les mémoires volatiles ou vives qui ont besoin d'une alimentation électrique pour conserver les données et qui les perdent quand cette alimentation disparait et les mémoires permanentes qui les conservent même quand l'alimentation électrique de la mémoire disparait.

Les mémoires vives stockent de manière temporaire les instructions et les données utiles aux programmes exécutés. Elles ont augmenté en volume de données stockées et en rapidité d'accès. La limite de mémoire vive est de 512 Go (gigaoctets) pour un ordinateur équipé de la version entreprise Windows 10. Le Z13, mainframe récent IBM supporte 10 To (téraoctets) de mémoire vive par machine.

Les mémoires permanentes encore appelées mémoires de masse sont utilisées pour stocker de gros volumes de données. Elles utilisent plusieurs techniques. Le disque dur magnétique est une mémoire de masse permanente composée de plusieurs plateaux (disques) qui tournent autour d'un axe. Le disque dur a fait l'objet d'évolutions de capacité et de performances considérables, tout en voyant son coût diminuer. La société Seagate commercialise un disque de 3,5 pouces d'une capacité de 8 To. Le temps d'accès aux données sur le disque a également été réduit : entre 10 et 20 millisecondes en augmentant la vitesse de rotation des disques jusqu'à 10000 ou 15000 tours/minute. Les temps de transfert entre disque et la mémoire vive, c'est-à-dire le débit, ont également été réduits. Des systèmes de stockage composés de batteries de disques permettent d'offrir un espace de stockage unique très important. La société IBM a organisé une batterie de disques durs qui peut stocker 120 péta octets de données, soit plus de 120 millions de gigaoctets. C'est un des plus grands systèmes de stockage connu.

Les disques électroniques statiques (SSD) stockent des données sur de la mémoire flash NAND qui est une technique de stockage à base de semi-conducteurs qui ne requiert pas d'alimentation électrique pour conserver les données. Elle est donc dite « non volatile ». Les disques SSD sont plus réactifs et plus rapides que les disques durs magnétiques. Le temps d'accès est de l'ordre de 0,1 ms, il est réduit par rapport aux disques magnétiques parce qu'il n'y a plus de rotation du disque. Les capacités des disques SSD dépassent aujourd'hui celles des disques durs magnétiques (par exemple le disque SSD Samsung de 16 To).

Les mémoires NAND 3D SSD disponibles dès 2017 vont permettre au SSD de franchir un palier en termes de capacité jusqu'à 10 téraoctets.

La technique 3D XPoint de mémoire non volatile, annoncée en juillet 2015 par les sociétés Intel et Micron. Elle apporte un potentiel encore insoupçonné dans le domaine du stockage de masse. En effet elle permet de stocker beaucoup plus de bits dans un même volume que la mémoire vive ordinaire. Cette technique peut ainsi être une solution pour miniaturiser la mémoire ce qui est un problème actuel de l'industrie. De plus c'est une technique ultra rapide dont les performances vont bien au-delà de celles des disques SSD. C'est donc une mémoire qui combine extrême rapidité et persistance des données, les informations demeurent en mémoire même après extinction de la machine.

La société Intel commercialise cette technique sous le nom d'Optane™.

La mémoire Optane™ se positionne sous la forme de puce intégrée aux cartes mères comme un accélérateur de système. Un ordinateur doté à la fois de mémoire vive DRAM/RAM et de mémoire Intel® Optane™ agissant comme intermédiaire entre la mémoire vive et un disque dur ou SSD, va pouvoir accéder plus rapidement aux programmes et aux données, offrant ainsi des performances et une réactivité accrues. La mémoire Optane™ peut également équiper des baies de stockage *full-flash* (sans aucun disque mécanique) avec un rapport performance coût inégalé.

LES COMMUNICATIONS

Communiquer est un acte essentiel de la vie. Les organismes vivants communiquent. Récemment, il a été découvert que les arbres communiquent. Les communications en informatique sont fondamentales. Elles impliquent deux opérations : une transmission de données par un émetteur vers un ou plusieurs récepteurs et la compréhension de ces données par le ou les récepteurs. A l'intérieur d'une machine programmable comme un ordinateur, les communications se traduisent par des transmissions de signaux ou de données entre des composants fonctionnels : processeurs, mémoires, contrôleurs de périphériques. Ces transmissions utilisent des systèmes de transfert de données appelés bus informatiques qui relient les composants fonctionnels qui communiquent. Il s'agit de communications internes. Dans ce domaine, les progrès sont également incessants : augmentation des débits, réduction des volumes pour insérer davantage de composants dans les machines à espace contraint par exemple des smartphones.

Pour transmettre des informations à d'autres machines des réseaux de communication sont utilisés. Un réseau ce sont des liaisons interconnectées qui mettent en relation des entités communicantes. Le réseau le plus simple est une simple liaison mettant en relation deux entités communicantes. Les techniques mises en œuvre dans les différents types de réseaux de communication : réseaux sans fils, filaires, fixes et mobiles ainsi que leurs interconnexions permettent aujourd'hui de couvrir presque entièrement la planète en offrant des propriétés d'ubiquité (capacité d'être présent en tout lieu ou en plusieurs lieux simultanément) aux machines programmables connectées à ces réseaux.

RÉSEAUX A TRÈS HAUT DÉBIT

Avec l'utilisation de la fibre optique comme support physique de transmission, les réseaux à très haut débit et à très longues distances sont installés sur la planète. Concrètement, avec la fibre les débits commerciaux annoncés aujourd'hui varient de 100 Mbit/s à 1 Gbit/s en réception et de 50 à 200 Mbit/s en émission. 240 GBps est le nouveau record de transmission de données numériques par fibre optique atteint par l'université polytechnique de Hong Kong soit 24 fois plus que le débit commercial.

RÉSEAUX NUMÉRIQUES MOBILES

Les générations de réseaux mobiles se succèdent tous les cinq à sept ans. Actuellement, la quatrième génération de réseaux mobiles 4G LTE est en cours de déploiement, la prochaine génération de téléphonie mobile prévue de maintenant à 2022 est la 5G qui sera suivie par la 6G prévue en 2030.

La 5G va être utilisée pour transmettre toutes sortes de données à très haute vitesse. Elle ne va pas remplacer tout à fait les câbles (liaisons physiques) mais se substituer à eux dans de nombreuses applications. La 5G va gommer les différences entre l'utilisation de réseaux fixes (cablés) et mobiles afin de supporter la croissance explosive de la mobilité des utilisateurs. L' ITU /UIT (International Telecommunication Union /Union Internationale des Télécommunications) a publié l'objectif des stations de base de la 5G : un minimum de 20 Gbit/s en débit descendant (*download*) et de 10 Gbit/s en débit montant (*upload*) par station de base. La 5G va fournir de très hauts débits, jusqu'à 10 Gb/s. La couverture de la 5G sera également meilleure, identique partout, ainsi que son extensibilité à des centaines de milliers de connexions. Avec l'utilisation d'ondes millimétriques, on pourra arriver avec la 5G à des latences de l'ordre de la milli seconde ce qui rendra presque instantané les connexions et déconnexions de smartphones. Le changement de cellule devrait également être insensible à la qualité des communications. La 5G va augmenter l'omniprésence du numérique et l'internet des objets. Les objets connectés dotés de sondes, de capteurs ou d'actionneurs vont exploiter les possibilités de la 5G. Elle va décupler les débits de la 4G comme la 6G devrait décupler les débits de la 5G. Des industriels Coréens, Chinois, Américains et Européens se penchent actuellement sur la 6G. Elle facilitera l'utilisation d'hologrammes et la généralisation des robots qui communiquent entre eux.

RÉSEAUX LOCAUX FILAIRES

Les réseaux locaux filaires couvrent des espaces géographiques restreints comme un immeuble et peuvent servir des milliers d'utilisateurs, les débits peuvent aller de 100 Méga bits par seconde (Mbps) jusqu'à plusieurs Giga bits par seconde (GBps).

RÉSEAUX LOCAUX SANS FIL

Les réseaux locaux sans fil comme le WIFI ont une portée qui peut atteindre plusieurs dizaines de mètres en intérieur avec des débits jusqu'à des centaines de mégabits par seconde. Ils sont régis par des standards de la famille 802.11.

Grâce à son aspect pratique et à son faible coût de raccordement, le Wi-Fi a été largement adopté dans de nombreux secteurs comme par exemple l'interconnexion de postes de travail dans une entreprise, à domicile entre des PC et une box. Le dernier standard 802.11ah de réseaux sans fil appelé *Halow* date de mai 2017, il est destiné aux objets connectés. Ses avantages sont une consommation énergétique moindre ainsi qu'une meilleure portée.

Un autre exemple de réseau sans fil est le réseau bluetooth. C'est un réseau sans fil personnel avec une faible portée limitée quelques dizaines de mètres et une faible consommation énergétique. Parmi des exemples d'utilisation du blueetooth, la liaison entre des appareils de chaines HI-FI, ou des kits-main libre.

RÉSEAUX SPÉCIALISÉS

Ce sont des réseaux dévolus à des domaines d'application qui ont des contraintes à respecter. Ainsi, les bus de terrain et les réseaux industriels sont utilisés dans le cadre d'applications industrielles. Ces réseaux supportent des contraintes liées à leurs applications comme le déterminisme, la latence, l'adéquation au temps réel…

RÉSEAUX RFID

La radio-identification connue sous le signe RFID est à la fois une technique de réseau sans fil et une application. Un système RFID permet de mémoriser et récupérer des données à distance. Il comprend les composants suivants : une étiquette placée sur l'objet, animal, être humain à tracer. L'étiquette peut être active (alimentée en énergie), ou passive (sans alimentation), ou semi-passive. Un lecteur qui va passer à proximité de l'étiquette va interroger l'étiquette et récupérer des informations, par exemple les caractéristiques d'un produit ou d'un animal. Les étiquettes passives peuvent seulement être lues, les étiquettes actives peuvent être lues et réinscriptibles. De nombreuses applications utilisent des systèmes RFID : le télépéage, la gestion de stocks, l'identification des animaux de compagnie ou de personnes, tracer des produits, accès sécurisés, paiement sans contact. Une étiquette RFID peut avoir différents supports : bracelet, carte, badge, puce de la taille d'un grain de riz. Il y a déjà des implantations de puces RFID sur des êtres humains. L'implantation est sous-cutanée, en général entre le pouce et l'index d'une main. Des entreprises ont mis en œuvre ce système pour leurs salariés volontaires avec comme applications des accès sécurisés, utilisation de distributeurs de boissons, paiement sans contact, déverrouillage d'ordinateurs…

RÉSEAUX POUR OBJETS CONNECTÉS

Ces réseaux destinés aux objets connectés qui ont peu d'exigences, ont comme cahier des charges de devoir être peu coûteux, à basse consommation, étendus et à faible débit.

TECHNIQUES NUMÉRIQUES

Le réseau étendu sans-fil basé sur le protocole LoRaWAN permet la communication radio à bas débit de capteurs et d'objets communiquants selon la technique LoRa. Ces réseaux sont connectés à internet via des passerelles (*gateways*) qui sont des dispositifs permettant d'interconnecter des réseaux informatiques de type différents.

Ce type de réseau sans fils à faible consommation énergétique est de plus en plus utilisé par les applications de l'internet des objets *Internet of Things (IoT)*. Les connexions sans fil sont recherchées par commodité (plus besoin de connexion physique), par économie (coût du lien physique), mais également pour s'affranchir des contraintes physiques (implantation dans des milieux dangereux et dans des lieux difficiles d'accès).

RÉSEAUX DE NEURONES ARTIFICIELS

Les réseaux de neurones artificiels (RNA) sont des systèmes numériques composés de processeurs élémentaires fortement connectés qui fonctionnent en parallèle. Chaque processeur élémentaire (neurone artificiel) calcule une sortie unique sur la base des informations qu'il reçoit.

LE RÉSEAU DES RESEAUX

Le réseau Internet est un réseau fédérateur qui interconnecte des réseaux de toute nature. Les réseaux connectés à internet doivent utiliser les protocoles internet IP. Le réseau Internet permet la communication entre tous les appareils connectés sur des réseaux connectés à internet. L'adressage de la version 6 du protocole est quasiment illimité, toute chose sur la planète peut disposer d'une adresse IP v6.

LES RÉSEAUX SOCIAUX

Ce sont des réseaux à contenu (par opposition aux réseaux de transport) comme Facebook, Tweeter, Youtube, Instagram… Les réseaux sociaux en ligne permettent à leurs utilisateurs de publier, de partager du contenu et souvent d'échanger des messages texte, des images, de l'audio, des vidéos…

LES RÉSEAUX PROGRAMMABLES

Ce sont des réseaux ouverts et extensibles partiellement ou totalement virtualisés qui disposent d'infrastructures dédiées à l'intégration et à la mise en œuvre de nouveaux services sur l'ensemble de leurs équipements. Ces réseaux sont gérés par des logiciels qui agissent sur les équipements de réseau pour les configurer.

LES COMMUNICATIONS UNIFIÉES

Ce sont des nouveaux services destinés aux entreprises. Ils intègrent dans un seul réseau internet :
- des moyens de communication comme la téléphonie fixe et mobile, la visiophonie, les ponts de conférence audio/ vidéo…
- des outils de travail collaboratif (comme la messagerie, la détection de présence, les systèmes de téléconférence, de partage et de gestion de documents,…).
- des environnements informatiques, comme les outils de bureautique.

ÉVOLUTION DES LOGICIELS

L'évolution des logiciels s'est déroulée en plusieurs étapes. Aux débuts de l'informatique, matériel et logiciel étaient fortement dépendants, le logiciel avait des spécificités propres au matériel capable de l'exécuter. On parlait de systèmes informatiques propriétaires. Le logiciel d'un modèle donné d'ordinateur ne pouvait pas s'exécuter sur un autre ordinateur sans modifications. Il n'y avait pas de standards bien établis.

LA STANDARDISATION

Les standards dans le domaine du logiciel et du matériel sont de deux types, les standards *de-facto* (qui se sont imposés de soi) et les standards *de-jure* reconnus par des organismes officiels comme l'ISO/ OSI (International Organization for Standardization/ Organisation internationale de normalisation) qui sont décrits par des spécifications techniques. Les standards couvrent la définition d'interfaces, de langages de programmation, de protocoles de communication, de systèmes d'exploitation, d'intergiciels, d'applications... La standardisation permet l'interopérabilité de matériels informatiques de différentes origines et par la possibilité de développer des logiciels qui vont interopérer et s'exécuter sur différents matériels. L'interopérabilité est la capacité que possède un produit ou un système, dont les interfaces sont connues, à fonctionner avec d'autres produits. Elle contribue à faciliter le développement de logiciels.

COMMERCIALISATION DES PRODUITS NUMÉRIQUES

De nombreux produits matériels et logiciels qui suivent généralement des standards, sont propriétaires, c'est-à-dire la propriété des entreprises qui les développent. Leur utilisation par les clients est soumise à des licences payantes.. Pour se démarquer des concurrents, les entreprises développent des différentiateurs qui leur permettent de rester compétitifs. Il y a toutefois des initiatives comme l'open source qui consiste en la diffusion gratuite de logiciels dans le domaine public. L'utilisation industrielle de logiciels open source implique souvent des coûts sous la forme de contrats payants pour la maintenance et les évolutions.

QUELQUES PRINCIPES FONDAMENTAUX

LA MODÉLISATION NUMÉRIQUE

C'est une étape de conception numérique pour la réalisation d'activités. La modélisation numérique va permettre de créer et exécuter des programmes qui vont exploiter les données résultant de la modélisation et réaliser des activités numériques. Elle est utilisée dans la fabrication additive synonyme de l'impression 3D qui désigne l'ensemble des procédés permettant de fabriquer un objet par superposition de couches de matières le plus souvent métalliques ou plastiques, à partir d'un modèle numérique 3D. Un autre exemple d'application de la modélisation numérique est la modélisation d'informations concernant le domaine du bâtiment *Building Information Modeling* (BIM). Le BIM permet de créer une représentation en trois dimensions d'un bâtiment et de générer les informations concernant tous les corps de métier. Si une modification est effectuée, par exemple la modification d'une fenêtre, les modifications sont effectuées pour que les informations concernant les corps de métier intéressés soient mises à jour. Ainsi une cohérence est maintenue ce qui évite des erreurs et fait gagner du temps pour les travaux.

L'ABSTRACTION

L'abstraction est une composante fondamentale de l'informatique. Elle est réalisée par des composants matériels ou logiciels qui masquent des complexités ou des spécificités et apportent une simplification. Prenons comme exemple un langage de programmation. Le programmeur qui utilise un assembleur, langage de programmation de bas niveau, doit gérer la mémoire utilisée lors de l'exécution d'un programme. Si par contre, il utilise le langage de programmation Java orienté objet, une gestion automatique de la mémoire est assurée. Le langage Java masque la complexité de cette tâche au développeur et simplifie son travail. Java apporte ainsi une abstraction de la gestion mémoire au développeur de programmes.

LA VIRTUALISATION

C'est un exemple d'abstraction. Le but de la virtualisation est de donner l'illusion d'un objet réel à un objet virtuel. Prenons l'exemple des smartphones, certains appareils disposent d'un clavier physique, d'autres affichent un clavier sur leur écran. Dans le dernier cas, le clavier est virtuel mais l'utilisateur du smartphone a l'illusion d'un clavier physique. Les systèmes d'exploitation des ordinateurs dotés d'un système de virtualisation, offrent des services de machines virtuelles qui donnent l'illusion à leurs utilisateurs de disposer de machines réelles. Les gros systèmes (mainframes) IBM Z13 peuvent héberger des milliers de machines virtuelles (800 sur un ordinateur Z13). Dans un nuage informatique (*cloud*), l'utilisateur qui souhaite disposer des services d'une machine utilise la plupart du temps les services d'une machine virtuelle. La virtualisation peut s'appliquer à différents composants d'un système informatique (processeurs, disques, mémoires, écrans, réseaux de communication…).

CONVERGENCE ET HYPER-CONVERGENCE

Les évolutions techniques en gains de puissance de traitement et de très hauts débits sur les réseaux, ont permis des convergences techniques qui sont sources de simplifications et d'économies. Les réseaux de communication ont convergé. Ils supportent avec les mêmes infrastructures et les mêmes équipements de réseau (ex routeurs, commutateurs,…) le transport de données, de voix, d'images et de vidéo sous une forme numérique. La oonvergence s'applique aux systèmes informatiques complexes à cause de l'hétérogénéité des équipements de différents fournisseurs qui les constituent. Les architectures convergées simplifient les problèmes d'administration et d'exploitation des systèmes complexes. Elles optimisent les coûts de câblage, de refroidissement et de surface occupée. L'hyper-convergence se caractérise par des ensembles de composants de stockage, réseaux, serveurs et hyperviseurs avec une surcouche logicielle de pilotage uniformisé de tous les composants fournis de façon totalement homogène par un fournisseur unique.

ÉVOLUTIONS TECHNIQUES

MINIATURISATION

Une des étapes de la fabrication d'un circuit électronique comme un processeur consiste à graver un morceau de silicium dopé pour implanter des transistors. Le perfectionnement des techniques de gravure permet de concevoir des composants toujours plus petits. Actuellement la finesse de gravure est de 10 nm (nano mètres) et la finesse de gravure à 7 nm commence à entrer en production.

La société IBM vient d'annoncer pour 2020 un nouveau procédé de gravure de transistors avec une finesse de 5 nm (nano mètres) qui va permettre de concevoir une puce électronique de la taille d'un ongle capable de contenir 30 milliards de transistors. Ceci signifie beaucoup plus de puissance (40% de plus) par rapport à une gravure de 10 nm (nanomètre) et une amélioration du rendement énergétique. Ce type de puce embarqué dans de futurs processeurs de traitement informatique est destiné à répondre entre autres aux demandes de l'informatique cognitive.

PROCESSEURS MULTI-CŒURS

Un cœur représente une instance d'exécution d'une instruction par un processeur. Les processeurs multi-cœurs vont ainsi pouvoir exécuter simultanément plusieurs instructions (une par cœur). Les téléphones récents (smartphone) sont couramment équipés de processeurs à huit cœurs. L'université de UC Davis (Californie) a développé un processeur Kilocore à 1000 cœurs destiné à des machines pour des traitements spécifiques comme le calcul de masse. Ce processeur peut effectuer 115 milliards d'opérations par seconde.

PROCESSEURS QUANTIQUES

C'est en 1985 que David Deutsch a décrit un ordinateur quantique universel, équivalent quantique de la machine de Turing. Un ordinateur quantique utilise les phénomènes quantiques de la matière, tels que la superposition et l'intrication afin d'effectuer des opérations sur des données. Il fonctionne grâce à des bits quantiques ou qubits qui sont considérés comme l'unité élémentaire d'information quantique. Par rapport aux processeurs classiques qui traitent des bits dans un état déterministe 0 ou 1, les qubits peuvent valoir n'importe quelle combinaison de 0 et de 1 où 0 et 1 ne sont plus des valeurs binaires. L'intérêt de ces ordinateurs est qu'ils sont exponentiellement plus rapides que les ordinateurs classiques actuels à cause de leurs traitements qui exploitent le parallélisme quantique. Leur puissance est proportionnelle au nombre de qubits dont ils disposent. Les difficultés techniques sont nombreuses, principalement l'instabilité car il faut que les traitements quantiques soient stables pendant leur durée sinon des erreurs surviennent ce qui nécessite de mettre au point des codes correcteurs d'erreurs quantiques. L'ordinateur quantique ne remplacera pas l'ordinateur classique, il prendra sa place en temps que co-processeur quantique au sein d'une grappe de processeurs classiques. Parmi les acteurs majeurs de la recherche pour la construction de l'ordinateur quantique, on trouve Google, Intel, IBM qui ont fait les annonces suivantes :

Au CES (Consumer Electronics Show) 2018, Intel a présenté son processeur quantique Tangle Lake à 49 qubits.

En mars 2018, Google a dévoilé une puce quantique Bristlecone qui, outre sa capacité à intégrer 72 qubits, dispose aussi d'un taux d'erreur faible, de l'ordre de 0,5% pour un ensemble à 2 qubits.

Au CES 2019, IBM a présenté le premier système intégré de calcul quantique commercial de 20 qubits. Une annonce qui reflète la montée en puissance des techniques quantiques.

Citons également d'autres acteurs : Microsoft qui développe actuellement le langage de programmation quantique Q#; l'Université de Nouvelle-Galles du Sud qui a annoncé le 7 mars 2018 un ordinateur de 2 qubits en atomes de phosphore sur une puce de silicone avec un taux d'erreur extrêmement faible ; D-Wave une société Canadienne qui a commercialisé début 2017 l'ordinateur quantique D-Wave 2000Q de 2000 qubits qui semble assez limité dans ses possibilités.

Les ordinateurs quantiques vont permettre d'envisager la résolution de problèmes très importants qui ne peuvent pas être traités aujourd'hui en un temps acceptable par les super-ordinateurs les plus puissants de l'informatique classique. Les applications des ordinateurs quantiques vont permettre des simulations dans des domaines comme la chimie moléculaire, des recherches d'information dans les bases de données non triées, de l'apprentissage en intelligence artificielle…

PROCESSEURS GRAPHIQUES

Les processeurs graphiques *Graphical Processor Units* (GPUs) initialement conçus pour du traitement d'image sont de plus en plus utilisés en parallèle des processeurs de traitement (CPUs) pour accélérer les traitements d'applications professionnelles scientifiques, d'analyse, d'ingénierie, de jeux vidéo, de réalité virtuelle, de calcul haute performance et d'intelligence artificielle.

Les GPUs s'imposent depuis leur lancement en 2007 par la société Nvidia pionnière du calcul accéléré, qui a diffusé mi 2018 une nouvelle architecture Volta pour cartes graphiques.

CIRCUITS LOGIQUES PROGRAMMABLES

Connus sous l'abréviation FPGA (*Field Programmable Gate Array*), ce sont des circuits intégrés logiques configurables et modifiables. Ils permettent de mettre sur le marché des composants avec des délais plus courts et des coûts plus bas. Les récents développements des FGPAs réduisent les avantages des ASICs.

PROCESSEURS NEURONAUX

Ces types de processeurs sont dédiés aux réseaux neuronaux artificiels qui sous-tendent les applications d'intelligence artificielle faisant appel à l'apprentissage profond. Ce type de processeur devrait ouvrir la voie à la création d'applications d'intelligence artificielle (IA) entièrement nouvelles, notamment dans les domaines de la médecine, de l'automobile, des réseaux sociaux, ou encore de la météorologie. Intel a annoncé pour fin 2017 le processeur Nervana *Neural Network Processor* (NNP), comme le premier du genre à être commercialisé. Il sera disponible d'ici la fin de l'année. Il devrait accélérer les applications d'intelligence artificielle par un facteur supérieur à cent par rapport aux techniques actuelles.

INTROSPECTION

Une machine virtuelle est créée sur un matériel physique qui utilise un système d'exploitation de virtualisation appelé hyperviseur (exemples : VMware, Xen). Lors de la création d'une machine virtuelle qui est en quelque sorte son acte de naissance, un contexte définit les ressources de son fonctionnement nominal (nombre de processeurs, mémoire, réseau…). Cette opération porte le nom d'approvisionnement (provisioning).

L'introspection est une fonction capable de surveiller la machine virtuelle au cours de son fonctionnement et de savoir si elle se comporte comme elle est censée le faire. Si un écart est détecté, l'hyperviseur peut être appelé en renfort pour réagir à l'anomalie : la machine virtuelle peut être isolée, sa journalisation renforcée qui consiste à enregistrer dans une base de données (le journal) tous les évènements, les messages qu'elle échange capturés…

L'introspection permet ainsi de maintenir le fonctionnement d'une machine virtuelle à l'état opérationnel c'est-à-dire de la sécuriser.

PROCESSEURS POUR OBJETS CONNECTÉS

Les objets et appareils ayant le potentiel de devenir « intelligents » utilisent un processeur. Pour répondre à cette demande de nouvelles générations d'ordinateurs miniaturisés sont proposés. Un exemple est l'Intel *compute card* qui a le format d'une carte de crédit.

LA SÉCURITÉ

La sécurité des systèmes informatiques et des communications est devenue vitale et fait partie de manière intégrée, de ces systèmes informatiques afin de les maintenir à l'état opérationnel malgré les dysfonctionnements, les pannes, les défauts logiciels, les attaques virales ou autres. Elle s'applique sous la forme de dispositifs intégrés au matériel (exemple : dispositifs de résilience pour assurer une continuité du fonctionnement en cas de panne, dispositifs cryptographiques matériels pour accélérer le chiffrement) et au logiciel (contrôles d'accès, détections d'intrusions, chiffrement, anti-virus…).

LA MOBILITÉ

Grâce aux réseaux sans fil locaux ou longue distance (3G, 4G et bientôt 5G), la mobilité permet aux utilisateurs de travailler quand la couverture réseau existe c'est à dire bientôt presque partout à partir d'une grande variété d'appareils : tablettes, PC's, smartphones, …

LES NUAGES INFORMATIQUES (CLOUD)

Un nuage informatique mutualise des ressources informatiques sous la forme de fermes de serveurs qui sont des usines informatiques regroupant un très grand nombre d'ordinateurs (serveurs), afin d'une part de stocker des données désormais mesurées en millions de milliards d'octets (pétaoctets) et, d'autre part, d'améliorer la performance d'exécution de programmes en répartissant les traitements sur plusieurs machines. Ces fermes de serveurs sont situés dans des sites physiques appelés centres de données (data centers). Elles fournissent non seulement de la puissance de calcul et de gros volumes de stockage, mais également des services comme l'utilisation de progiciels. Les ressources d'un nuage sont mises à disposition d'utilisateurs via des réseaux à haut débit. L'utilisateur est facturé selon son utilisation des ressources (temps processeur, stockage, utilisation des réseaux) et des services. La tendance actuelle est le cloud hybride constitué de ressources informatiques locales et mutualisées dans un nuage (cloud) informatique. Les services cloud *leaders* sur le marché sont fournis par les géants du Web (GAFAM) suivants : Amazon Web Services (AWS), Microsoft Azure et Google cloud platform

BIG DATA

La définition de référence du Big Data par le Gartner (entreprise américaine de conseil et de recherche dans le domaine des techniques avancées) date de 2001 : Le Big Data regroupe des données présentant une grande variété, arrivant en volumes croissants, à grande vitesse. Ce que l'on appelle les trois V. Techniquement, il faut des réseaux de communication très rapides, des capacités de stockage et de traitement des données très élevées. Ces trois conditions sont aujourd'hui réunies. De nombreuses applications exploitant les Big Data sont développées. L'analyse des données en est un exemple. Un autre exemple concret de l'exploitation de la puissance des *Big data* est l'analyse de radiographies pour la détection de tumeurs. Un radiologue humain aura son expérience basée sur l'analyse de radiographies en nombre beaucoup moins important que la comparaison par un algorithme d'une radiographie avec des milliers ou des millions de radiographies stockées dans une base de données, pour un diagnostic.

OBJETS CONNECTÉS

Les objets connectés sont des objets physiques (exemple caméra de vidéo surveillance, microphone, appareil électro-ménager, véhicule, montre connectée…) équipés de sondes, capteurs, actionneurs et qui ont la possibilité de communiquer via des réseaux spécialisés interconnectés à internet. Ils représentent un énorme potentiel pour le développement de nouvelles applications. Les prévisions d'objets connectés en 2020 sont de 50 milliards. Par exemple le système SARAH (*Self Actuated Residential Automated Habitat*) pour la maison intelligente est un système de synthèse et de reconnaissance vocale connecté à différents services sur Internet comme la météo, des horaires de train, des programmes de cinéma et qui peut également interagir avec des objets connectés comme des interrupteurs de lumière, des mécanismes de contrôle de chauffage… Le principal intérêt de SARAH est de pouvoir directement poser une question ou donner un ordre vocal pour qu'il s'exécute.

LE STOCKAGE DES DONNÉES

Le stockage de données sur des disques durs à rotation mécanique évolue vers le stockage basé sur des mémoires flash à l'état solide. Le stockage de données sous la forme de blocs et de fichiers évolue vers le stockage objet. Ces évolutions vont de pair avec les nouvelles techniques de stockage (disques électroniques (SSD), *cloud* et *Big data*).

LES IMPRIMANTES 3D

Elles reproduisent un objet qui dispose d'un modèle à trois dimensions. Le modèle consiste à créer dans un logiciel de modélisation sous la forme d'un programme, un objet en trois dimensions. Le programme généré est ensuite exécuté et pilote une imprimante 3D qui restitue l'objet dans la matière qui a été fournie à l'imprimante. Les imprimantes 3D touchent à de nombreux secteurs d'activité, et les champs d'applications sont multiples (pièces détachées, aéronautique, aérospatiale, médecine (prothèses, organes), bâtiment, meubles, armes à feu et même … pizzas !).

Un exemple d'utilisation en chirurgie est la possibilité de reproduire un organe qui sera utilisé dans les écoles de médecine par les apprentis chirurgiens et également par les chirurgiens pour se préparer à une opération sur un patient en faisant reproduire l'organe à opérer.

Malgré tout le principe des imprimantes 3D nécessite de maîtriser le dessin en 3D et certaines caractéristiques mécaniques, ce qui n'est pas à la portée de tous et qui peut expliquer leur succès mitigé à ce jour.

DÉMATÉRIALISATION

Dématérialiser, c'est aller vers le rien physique. C'est par exemple utiliser un support d'informations numérique virtuel appelé fichier à la place d'un support matériel comme du papier, une pellicule photo ou de cinéma, de la monnaie (liquide), un CD. Les applications sont nombreuses : messagerie électronique, factures, billets de transport, paiement, réservations. Les livres, magazines électroniques et de manière plus générale, les services en ligne sont des exemples courants d'applications de la dématérialisation en attendant la suite comme la dématérialisation de la monnaie à laquelle le gouvernement et les banques (John Cryan, directeur de la Deutsche Bank prévoit la disparition de toute forme de pièces et billets d'ici dix ans) s'intéressent, car plus d'achats en liquide anonymes, obligation de confier son argent aux banques, traçabilité des échanges,... Les avantages de la dématérialisation sont nombreux :

- l'accès ubiquitaire (c'est-à-dire presque partout) au service avec un appareil comme un smartphone, une tablette, un ordinateur portable. Ne pas se déplacer. Faire des opérations où on se trouve.
- la traçabilité qui peut être vue comme un avantage ou un inconvénient. Si la monnaie est dématérialisée, toute transaction même la plus minime sera traçable. Le fisc pourra ainsi contrôler toutes les transactions monétaires.

Mais il y a aussi des inconvénients à la dématérialisation comme la protection des droits des auteurs de contenu avec le téléchargement pirate de logiciels, de livres, de musique, de vidéos et également des pertes d'emplois tenus par des êtres humains : les métiers de guichetier, d'employés dans les agences, de l'édition et les auteurs en subissent le contrecoup.

RÉALITÉ AUGMENTÉE

La réalité augmentée combine le monde réel et des données virtuelles en temps réel et de manière interactive dans un environnement 3D. C'est en fait une coexistence du monde réel et du monde virtuel. Il existe de nombreuses applications de réalité augmentée comme par exemple dans le domaine du tourisme, l'application mobile « hotelhotel » qui affiche en réalité augmentée l'endroit où on se trouve et en surimpression les noms des hôtels dans un rayon de 500 m avec leur distance et leur positionnement par rapport au point ou on se trouve, ainsi que le prix de la chambre pour ceux qui ont des disponibilités.

RÉALITÉ VIRTUELLE

La réalité virtuelle représente pour les êtres humains, une porte ouverte dans le monde virtuel. L'être humain, grâce à un casque et des écouteurs n'est plus un spectateur mais se trouve immergé au centre de scènes d'action et devient un avatar (incarnation numérique d'un être humain) avec une vie virtuelle dans un monde virtuel parallèle au monde réel. La réalité virtuelle apporte des qualités d'immersion, de présence et d'empathie qui sont source de chocs émotionnels très forts. Mark Zuckerberg (PDG de Facebook) a affirmé qu'il voyait la réalité virtuelle comme le format d'expression qui succèderait à la photo et à la vidéo. Les grands acteurs du numérique travaillent à la réalité virtuelle comme Facebook (casque Oculus Rift, une application de lecture de vidéos sphériques pour téléphones iOS et Android), Microsoft (casque Hololens), Google (Google glass), Sony (projet Morpheus). L'industrie des jeux vidéo, le journalisme, les réseaux sociaux s'emparent de la réalité virtuelle.

L'ÊTRE HUMAIN AUGMENTÉ

C'est augmenter les capacités (*capabilities*) de l'être humain à l'aide de techniques innovantes. Nous allons l'illustrer par quelques exemples.

L'EXOSQUELETTE

Le but de l'exosquelette est de décupler la force physique d'un être humain. L'exosquelette *EksoVest* conçu par la société américaine Ekso Bionics en est un exemple. C'est un gilet robotique qui va équiper des ouvriers de quinze usines du constructeur américain Ford. Les ouvriers vont avoir leurs forces physiques augmentées par la technique et l'intelligence artificielle de ces gilets qui vont rendre leur travail moins éprouvant physiquement en leur permettant par exemple de porter des pièces détachées de véhicules à bout de bras sans effort.

AUGMENTER LES CAPACITÉS CÉRÉBRALES

La technique que veut développer Elon Musk dans le cadre du projet Neuralink de la start-up de même nom est d'augmenter les capacités cérébrales humaines grâce à l'ajout d'une couche d'intelligence artificielle, reliée au cerveau par un implant cérébral. Dans l'attente de cet objectif, la start-up Neuralink travaille sur l'implantation de micropuces dans le cerveau avec comme but dans un premier temps d'aider à compenser de graves lésions cérébrales. Elon Musk n'est pas seul à s'intéresser à ce sujet, en 2016, Facebook a lui aussi créé son propre département de recherche *Building 8*, afin de travailler sur des connexions entre machines et corps humain.

EFFICACITÉ ET SURVEILLANCE DE L'ÊTRE HUMAIN

Le puçage humain a comme aspect positif de rendre l'être humain plus efficace. Il est basé sur la technique RFID (*Radio Frequency IDentification*) qui permet d'identifier un objet ou un être vivant, d'en connaître les caractéristiques et d'en suivre le cheminement, le tout à distance et sans contact, grâce à une étiquette émettant des ondes radio, attachée ou incorporée à l'objet. En Suède plusieurs milliers de personnes se sont fait implanter une puce RFID sous la peau. Ceci va permettre l'ouverture de portes sans sortir ses clés, d'effectuer des paiements, de prendre en charge des billets de train.

L'aspect négatif du puçage humain est d'offrir aux projets de surveillance généralisée des êtres humains, un outil efficace. La technique RFID devient un instrument de contrôle social redoutable. Le stockage quasi illimité des données personnelles d'un être humain permet de l'identifier à distance, de savoir (presque) tout de lui et de le suivre dans tous ses déplacements.

RALLONGER LA VIE

Le transhumanisme que l'on peut considérer comme une forme d'humanisme évolutionniste a comme objectif de rallonger la vie de l'être humain en le maintenant en bonne santé. Il fait usage des sciences et des techniques pour améliorer les caractéristiques physiologiques et mentales des êtres humains. L'Université de la Singularité fondée aux États-Unis à San Francisco est dédiée à la promotion du transhumanisme. Elle soutient et développe l'étude de techniques émergentes qui ont pour ambition d'améliorer en profondeur et même radicalement le sort de l'humanité. De nombreuses recherches en génétique plus communément appelée thérapie génique, visent à intégrer dans le transhumanisme, la cyberbiologie (biologie liée aux sciences de l'informatique), la nanomédecine et autres projets faisant appel aux sciences les plus complexes.

LA SINGULARITÉ

La singularité (technique) fait l'hypothèse que les progrès de l'intelligence artificielle déclencheraient un emballement de la croissance technique qui induirait des changements imprévisibles sur la société humaine. Au-delà du point de singularité, le progrès ne serait plus l'œuvre que d'intelligences artificielles, ou « supra intelligences » qui s'auto-amélioreraient. On verrait apparaître de plus en plus rapidement, de nouvelles générations de plus en plus intelligentes créant finalement une puissante super intelligence qui dépasserait qualitativement de loin, l'intelligence humaine.

GAMING ET SPORTS DE L'ESPRIT

Le gaming ou encore les jeux vidéos connaissent un essor considérable depuis plus de 20 ans. Ils touchent tous les âges, toutes les catégories sociales et tous les genres. Le marché des jeux vidéo est devenu un marché de masse, il est en croissance constante, plus 13,3% en 2018. Le chiffre d'affaire mondial qui dépasse ceux du cinéma et de la musique réunis, a été en 2018 de l'ordre de 138 milliards de dollars. Le mobile (smartphones, tablettes,…) domine l'utilisation du jeu vidéo. Google vient de dévoiler Stadia, sa plateforme de jeux vidéo en streaming. Stadia permet de jouer à n'importe quel jeu vidéo depuis un écran connecté à Internet, et ce sans le besoin d'utiliser une machine dédiée. Le fonctionnement en réseau (ex *cloud gaming*) pour du jeu à la demande *Gaming on Demand* (GoD) ou des jeux en groupes, les nouvelles interfaces (caméras, tactile, voix, objets connectés), l'utilisation de l'intelligence artificielle pour apprendre sur le comportement du joueur font partie des évolutions des jeux vidéos. L'*eSport* (sport électronique), désigne la pratique de jeux vidéos dans le cadre d'une compétition. Les « *gamers* » ou encore les pratiquants, jouent seuls ou en équipe dans des événements organisés par des associations, des organisations professionnelles et des éditeurs. Le système de messagerie *Discord* lancé en 2015 par Jason Citron, permet aux *gamers* de communiquer via des petits groupes privés au cours de leurs parties. *Discord* compte 250 millions d'inscrits en 2019. Le *eSport* connaît un essor considérable et se professionnalise. Il attire de plus en plus d'investisseurs prêts à parrainer évènements et joueurs. Selon une étude publiée par Berenberg en 2018, le *eSport* a connu une croissance moyenne annuelle de 45% ces trois dernières années et un chiffre d'affaires mondial de plus d'1 milliard d'euros en 2018. Cette même étude prévoit un chiffre d'affaires de 20 milliards d'euros en 2025.

NOUVELLES INTERFACES

Les Interfaces Hommes-Machines (IHM) classiques sont basées sur des claviers, des écrans, des dispositifs audio et vidéo. Les interfaces gestuelles permettent de communiquer en faisant des gestes détectés par une caméra. La nouvelle interface qui monte en puissance par les nouvelles applications qui en tirent partie est l'interface vocale qui permet de communiquer avec un appareil en langage naturel. Des réalisations visibles dans ce domaine sont les assistants personnels, des appareils, des applications. Amazon commercialise un assistant vocal Amazon Alexa décliné avec une gamme d'enceintes Echo. Alexia entend tout et tout le temps. En effet, ses micros ne s'éteignent jamais. Vous pouvez converser avec cet assistant en prononçant le mot Alexa. Il comprend tout ce que vous dites, tant que vous utilisez un langage simple et courant. L'assistant intelligent vous apprendra aussi des choses. Il vous donne la météo, diffuse des flash infos à la demande, enregistre votre liste de course, et peut même faire vos recherches sur Wikipedia à votre place. Il vous dira tout ce que vous voulez savoir. Plus besoin non plus d'avoir votre agenda sur vous puisqu'il enregistre vos rendez-vous et vous les rappellera en temps et en heure.

Amazon Echo peut également contrôler à distance tous vos autres objets connectés : allumer ou éteindre votre éclairage, contrôler vos alarmes, votre chauffage… Il fera intégralement partie de votre quotidien et pourra vite devenir aussi indispensable qu'un membre de votre famille.

Comme Amazon Echo entend tout, il peut anticiper vos besoins et vos désirs et il permet aussi d'effectuer des achats instantanés avec possibilité de demander un code de confirmation avant de valider vos achats. Même si cette fonction est aujourd'hui limitée à une banque américaine, les détenteurs de l'assistant intelligent pourront payer leurs factures et administrer leurs comptes bancaires en conversant avec Echo.

Google commercialise une enceinte à commande vocale *Google HOME* qui se connecte à l'assistant Google.

Une nouvelle génération de téléviseurs est dotée d'interfaces vocales et parfois gestuelles. La télécommande est éliminée.

Des nouvelles interfaces avec le cerveau humain sont en projet. Durant sa conférence annuelle des développeurs en 2017, Facebook a annoncé travailler sur un projet visant à transcrire en texte les pensées d'un être humain en temps réel. Ceci grâce à un dispositif non invasif basé sur des capteurs placés sur la tête de l'être humain qui scannent le cerveau à intervalles réguliers. A ces interfaces non intrusives pour l'être humain se rajoutent les interfaces bioniques dont existent déjà plusieurs réalisations sous la forme de puces, de circuits implantés dans le corps humain (c'est déjà le cas pour les animaux) pour des applications comme l'identification et la localisation par satellite des individus (puce *digital angel* de la société Applied Digital Solutions), l'accès à des données médicales personnelles (groupe sanguin, traitements médicaux en cours), l'accès à des données personnelles en vue de servir de carte d'identité ou de carte de crédit. L'armée américaine travaille actuellement sur un circuit implanté dans le cerveau d'un soldat pour le connecter directement à des ordinateurs pouvant envoyer des données sur la position de l'ennemi, des cartes et des instructions de combat. La médecine depuis de nombreuses années travaille également sur des implants dans le corps humain. qui bénéficient des innovations dans le domaine des objets connectés. Les Interfaces Cerveau Ordinateur (ICO) permettent à une personne d'interagir avec un système informatique par l'intermédiaire de l'activité cérébrale. Le type d'interface la plus courante mesure l'activité du cerveau par Électroencéphalographie (EEG) grâce à un casque à électrodes qui détecte l'activité électrique du cerveau. Le principe est d'enregistrer les signaux d'une personne à qui l'on a demandé de réaliser plusieurs actions mentales (imaginer un mouvement de la main, visualiser un objet) et ensuite d'entraîner un algorithme de classification à reconnaitre les actions mentales correspondantes en temps réel et à leur associer une action déclenchée sur un système informatique. Il est également possible de détecter d'autres phénomènes dans le cerveau, par exemple le fait d'entendre une phrase ou un terme sémantiquement inattendu « Je veux un café au chat » au lieu de « Je veux un café au lait » ou encore de détecter des mensonges. Le système *neurolife* permet de rétablir la communication entre le cerveau et les muscles sans passer par une moelle épinière endommagée. Une puce implantée dans le cortex moteur du cerveau d'un tétraplégique transmet les pensées du patient à un ordinateur qui les décode et envoie les ordres du cerveau à une série de bracelets qui stimulent électriquement les muscles du bras. Au bout de quinze mois de rééducation, ce système a permis à un tétraplégique de se servir de sa main jusqu'alors complètement paralysée.

L'INTELLIGENCE *ARTIFICIELLE*

*"L'intelligence artificielle
soit la meilleure soit la pire des choses"*
Stephan Hawking

*"La course à l'IA (intelligence artificielle) faite par les nations causera probablement la 3e guerre
mondiale".*
Elon Musk

Maîtriser l'intelligence artificielle permet de dominer le monde.
Vladimir Poutine (septembre 2017)

*« L'activité autour de l'intelligence artificielle (IA) est en croissance à peu près partout et la
performance technologique se perfectionne dans tous les domaines. »*
Rapport annuel « Artificial Intelligence Index 2018 »
Standford University

« Je suis ce que je fais- I am what I do »
Campagne publicitaire de Huawai pour un smartphone doté d'intelligence artificielle

ORIGINE DE L'INTELLIGENCE ARTIFICIELLE

En 1948, le mathématicien Norbert Wiener a proposé le terme « cybernétique », science transdisciplinaire mettant essentiellement en relation les principes qui régissent les êtres vivants et des machines évoluées. Les travaux autour de la cybernétique vont donner naissance à l'intelligence artificielle (IA), la théorie de l'information, la robotique, la théorie des systèmes et les sciences cognitives.

LES DÉBUTS DE L'INTELLIGENCE ARTIFICIELLE

C'est en 1956 que l'on a commencé à parler et à travailler sur l'intelligence artificielle, principalement aux Etats Unis. Les débuts des travaux se sont vite heurtés aux limitations des techniques numériques de l'époque, ce qui s'est traduit par des travaux en dent de scie sur ce sujet sans grand succès. Les travaux dans ce domaine se sont amplifiés à partir des années 80 lorsque les verrous techniques ont commencé à sauter. Aujourd'hui, libéré des contraintes des techniques numériques, les travaux dans le domaine de l'intelligence artificielle explosent. Certains parlent du début de l'ère de l'intelligence et la voient se propager dans tous les secteurs économiques.

DÉFINITION DE L'INTELLIGENCE ARTIFICIELLE

Pour imager ce qu'est l'intelligence artificielle, prenons l'exemple de plusieurs compositeurs de musique qui écrivent les partitions d'une symphonie. Ces partitions interprétées par un orchestre vont être jouées et ainsi produire de la musique.

Comme des compositeurs de musique, les développeurs informatiques de logiciels pour un projet, produisent des algorithmes sous la forme de programmes qui vont s'exécuter sur un système informatique.

Dans le cas des compositions musicales, les compositeurs ont transcrit de la musique sous la forme de partitions. C'est leur intelligence, leurs apprentissages et leurs connaissances musicales qui l'ont permis.

Les développeurs informatiques ont transcrit les algorithmes de leur projet (problème à résoudre) sous la forme de logiciels écrits avec des langages informatiques. C'est leur intelligence dans le domaine du projet et leurs connaissances informatiques qui l'ont permis. Ce qu'il faut retenir, c'est que l'intelligence artificielle est la transcription sous forme numérique d'intelligence humaine, qu'elle n'est pas généraliste mais spécifique à un problème précis à résoudre.

L'intelligence artificielle est une simulation d'intelligence humaine réalisée avec des techniques numériques qui traitent des informations par des algorithmes qui vont résoudre un problème donné par exemple la conduite d'un véhicule autonome.

L'intelligence artificielle c'est la recherche de moyens susceptibles de doter les systèmes informatiques de capacités cognitives comparables à celles d'êtres humains. En 1950, Alan Turing a jeté les bases de l'intelligence artificielle. Il a proposé un test pour déterminer si une machine est "consciente". L'expérience consiste à confronter quelqu'un, à la fois à un ordinateur et à un autre humain, avec lesquels il communique via des messages écrits pendant cinq minutes. Si la personne est incapable de distinguer l'ordinateur dans plus de 30% des cas, alors ce dernier est considéré comme "intelligent". Eugene Goostman a treize ans, il est Russo-Ukrainien. Seulement voilà, Eugene n'est pas humain, c'est une machine, la première intelligence artificielle à avoir passé le test de Turing, selon l'université de Reading. Eugene Goostman a réussi à convaincre, le samedi 7 juin 2014, 33% des juges qu'il était humain pendant une conversation de 5 minutes.

UN RISQUE POUR L'ESPÈCE HUMAINE ?

Un rapport de scientifiques de l'Université d'Oxford place l'intelligence artificielle comme un risque majeur car elle pourrait causer l'extinction de l'espèce humaine délibérément. L'université d'Oxford n'est pas la première à mettre en lumière ce risque, Elon Musk, fondateur de PayPal, Tesla Motors et SpaceX, l'a déjà fait plusieurs fois, considérant l'intelligence artificielle comme « notre plus grosse menace existentielle » et comme une invocation du démon. Le physicien Stephen Hawking pense que « le développement d'une intelligence artificielle totale » pourrait signifier la fin de la race humaine.

Mars 2016, le numéro trois mondial de GO (jeu de plateau originaire de Chine) a perdu quatre manches sur cinq contre le programme informatique *alphago* conçu par la société anglaise Deepmind rachetée par Google, ceci 20 ans après la victoire d'un logiciel IBM sur le meilleur joueur d'échec mondial. Alphago met en œuvre des techniques d'apprentissage profond (*deep learning*) qui imitent la manière dont les humains apprennent de leurs erreurs. Les algorithmes mis en œuvre par le logiciel alphago ont analysé des centaines de millions de parties pour apprendre à repérer les bons choix dans les décisions possibles. Mais alphago vient d'être supplanté par une nouvelle version alphaGo zero. Cette version utilise un logiciel d'intelligence artificielle qui n'a plus besoin d'analyser des parties de champions humains pour progresser. Il peut seul apprendre à jouer et à progresser, en jouant contre lui-même. Confronté au logiciel alphaGO, le résultat a été sans appel, alphaGO Zero au terme d'un apprentissage de 40 jours a gagné 100 à 0. Cette version propose un apprentissage profond à un programme informatique seul, sans aucun accompagnement humain. Alpha Go Zero est plus puissante que les versions précédentes d'AlphaGo car elle n'est plus restreinte par les limites de la connaissance humaine » et qu'elle a atteint un niveau qualifié d'inhumain par ses concepteurs.

UNE RELIGION !

Un ingénieur Anthony Levandowski, employé chez Google puis Uber qui finalement l'a licencié, pense que l'intelligence artificielle deviendra plus intelligente que celle de l'être humain et propose de lui vouer un culte qui érige l'intelligence artificielle en divinité. Pour ce faire, il met en place une organisation religieuse appelée « Way of the Future » (WOTF). Sa conviction est qu'un jour (dans 15 ou 20 ans) les ordinateurs surpasseront l'être humain pour le faire entrer dans une nouvelle ère sous le nom de *« singularité » (singularity)*.

L'APPRENTISSAGE DES MACHINES

L'apprentissage est indissociable de l'intelligence artificielle. L'apprentissage des machines est une application d'intelligence artificielle qui permet à des applications logicielles de devenir plus pertinentes dans des résultats prédictifs sans que ces résultats soient dus à une programmation explicite.

Le premier travail de base d'apprentissage d'une machine est la construction d'algorithmes qui reçoivent en entrée des données et qui utilisent des analyses statistiques pour prédire une valeur en sortie dans une fourchette acceptable.

Les algorithmes d'apprentissage machine sont soit supervisés par des êtres humains soit non supervisés. Dans le premier cas, les algorithmes ont besoin de jeux d'essais au cours desquels des interventions humaines fournissent les données d'entrée et les résultats désirés. Une fois que les algorithmes sont au point, ils peuvent être utilisés pour de nouvelles données. Dans le deuxième cas, il n'y a pas d'interventions humaines ni de jeux d'essais pour la mise au point des algorithmes, à la place, les algorithmes utilisent une approche itérative appelée apprentissage en profondeur *(deep learning)* pour analyser les données et arriver à des conclusions.

DIFFÉRENTS TYPES D'INTELLIGENCE ARTIFICIELLE

On distingue l'intelligence artificielle faible et l'intelligence artificielle forte. L'intelligence artificielle faible est spécialisée. Elle est basée sur des algorithmes qui fournissent le résultat de comportements spécifiques observés à l'avance et ne donnant pas d'application non prévue. Par exemple un essuie glace intelligent de véhicule va se mettre en route s'il détecte de l'eau sur le pare brise. Une autre fonction va gérer la distance minimum avec les autres véhicules... Pour les véhicules on assiste ainsi à des développements de fonctions d'intelligence élémentaire dont la somme aboutira à un véhicule autonome doté d'une intelligence forte.

L'intelligence artificielle forte vise à reproduire le plus grand nombre possible des fonctions et performances des cerveaux animaux et humains qui sont le centre de commandement des systèmes nerveux. Son ambition est globale, son objectif est d'obtenir des systèmes capables de se représenter eux-mêmes dans leur environnement, d'élaborer des stratégies, de communiquer par des langages, de gagner en autonomie. Un projet phare de l'intelligence artificielle forte est le projet cerveau humain (*Human Brain*) en cours à l'université de Lausanne en Suisse. Ce projet entend modéliser le comportement des milliards de neurones qui forment le cerveau de l'être humain.

INTELLIGENCE ARTIFICIELLE EXPLICABLE

L'IA explicable ou XAI (*eXplainable Artificial Intelligence*) est une forme d'intelligence artificielle prévue pour décrire son objet, sa logique et sa prise de décision de manière compréhensible

L'INTELLIGENCE ARTIFICIELLE ÉVOLUTIONNISTE

Ce type d'intelligence artificielle utilise des algorithmes évolutionnistes qui mettent en œuvre des mécanismes inspirés de la nature pour résoudre des problèmes comme le feraient des organismes vivants.

TECHNIQUE DE PENSÉE ARTIFICIELLE

Elle est basée sur les réseaux de neurones artificiels. La première machine neuronale le SNARC a été construite en1951 par deux mathématiciens Marvin Minsky et Dean Edmonds. Un peu plus tard; en 1957, Le perceptron du psychologue Frank Rosenblatt est la première machine apprenante qui a mis en évidence les mécanismes d'apprentissage. Ces travaux ne seront améliorés que vingt ans plus tard. Aujourd'hui les systèmes d'apprentissage profond comprennent de nombreuses couches de neurones artificiels basés sur les réseaux de neurones artificiels.

L'INTELLIGENCE ARTIFICIELLE AUGMENTÉE

C'est une conceptualisation alternative de l'intelligence artificielle, orientée vers un rôle d'assistance, avec le but d'améliorer l'intelligence humaine plutôt que la remplacer. Un exemple est le *Amazon machine learning*, un service qui permet à un développeur de découvrir via des algorithmes, des modèles dans des données utilisateur, de construire des modèles mathématiques basés sur ces modèles et de créer et implanter des applications prédictives. Ce service a pour objectif d'aider les entreprises à améliorer la profitabilité et l'efficacité de leurs applications.

SYSTÈMES D'INFORMATION INTELLIGENTS

Un système d'information intelligent est un système informatique connecté qui, via internet a la capacité de rassembler et d'analyser des données et de communiquer avec d'autres systèmes. D'autres critères d'intelligence sont la capacité d'apprendre à partir d'expériences, de disposer de fonctions de sécurité, de connectivité, la possibilité de s'adapter à des données courantes et la capacité à être supervisé et géré à distance.

PLATEFORMES D'INTELLIGENCE ARTIFICIELLE

Ce sont des systèmes matériels conçus pour des applications d'intelligence artificielle. Ainsi la nouvelle plateforme Drive PX de NVIDIA spécialiste de la carte graphique et de l'apprentissage profond appelée Pegasus vise à faire rouler des voitures avec une autonomie de niveau 5, c'est-à-dire sans conducteur.

ÒU EN EST L'INTELLIGENCE ARTIFICIELLE ?

L'intelligence artificielle fait couler beaucoup d'encre et suscite des avis partagés, entre craintes et fascination.

Elle est considérée comme un élément stratégique au niveau politique, défense et sécurité par les gouvernements. Elle fait l'objet de livres, documents, rapports, congrès, initiatives, associations et projets. Par exemple l'initiative *Partnership on Artificial Intelligence* a été créée en 2016 par Amazon, DeepMind/Google, Facebook, IBM et Microsoft pour bénéficier aux gens et à la société. Son but est de faire progresser la compréhension du public sur l'intelligence artificielle et de formuler les meilleures pratiques sur les défis et les opportunités dans le domaine.

L'Association Française pour l'intelligence Artificielle (AFIA) dont le but est de promouvoir et de favoriser le développement de l'Intelligence Artificielle sous ses différentes formes, de regrouper et de faire croître la communauté française en intelligence artificielle, et d'en assurer la visibilité.

L'Electronic Frontier Foundation (EFF) a lancé un document contenant les progrès de la recherche en intelligence artificielle (IA) sur de multiples tâches. Bien que le projet ait débuté en tant que projet EFF, l'objectif est de le faire évoluer en un effort communautaire autonome. L'état des développements aboutis de l'intelligence artificielle fait dire qu'elle est actuellement spécialisée et que l'"intelligence artificielle générale peut être pas indispensable est encore loin.

LE LIBRE ARBITRE

Nous sommes entrés dans une ère nouvelle
où les algorithmes et les données vont remplacer
notre libre arbitre et notre intuition.
Le dataïsme s'apprête à prendre le pas sur l'humanisme et la religion.
Yuval Noah Harari.

On attribue à l'être humain la possibilité d'exercer un libre arbitre qui le distinguerait des autres espèces. Rappelons ce qu'est le libre arbitre : faculté qu'aurait l'être humain de se déterminer librement et par lui seul, à agir et à penser, par opposition au déterminisme ou au fatalisme, qui affirment que la volonté serait déterminée dans chacun de ses actes par des « forces » nécessaires. Ceci a été controversé par des philosophes comme Spinoza qui pensait que le libre arbitre n'était qu'illusion Qu'en est-il réellement. Dans la réalité, l'être humain est soumis à des lois sociales et pour certains des prescriptions religieuses : règlements, procédures, obligations, restrictions, injonctions, interdictions, normes. Autant dire que le libre arbitre de l'être humain est une peau de chagrin qui se rétrécit au fil du temps. L'intelligence artificielle des êtres numériques est basée sur des algorithmes qui sont soit déterministes soit non déterministes, dans ce dernier cas ils doivent deviner à chaque étape la meilleure solution à l'aide d'heuristiques. L'heuristique est une méthode de résolution de problèmes, non fondée sur un modèle formel et qui n'aboutit pas nécessairement à une solution. Elle procède par évaluations successives et hypothèses provisoires. Dans ce dernier cas, peut-on parler de libre arbitre artificiel. L'ère du *dataisme* où l'autorité détenue par la religion et l'humanisme est transférée aux algorithmes et aux données, sonne peut être la fin du libre arbitre humain.

CONCLUSION DES TECHNIQUES NUMÉRIQUES

Nous rentrons actuellement dans l'ère numérique marquée par des techniques numériques en plein développement comme l'intelligence artificielle, les *big data*, les objets connectés, le *blockchain*, les nouveaux réseaux à très haut débit comme la 5G et ultérieurement la 6G, sans oublier les progrès en puissance de calcul, capacités de stockage et miniaturisation des matériels. Ces techniques se concrétisent par de nouvelles applications et des impacts profonds dans tous les secteurs d'activité et nous n'en sommes qu'aux prémices. Pourquoi les techniques numériques progressent-elles ainsi avec une croissance que l'on peut qualifier d'exponentielle ? C'est en partie dû à la capitalisation d'intelligence humaine dans le domaine du numérique depuis des dizaines d'années à une échelle mondiale, que ce soit dans le cadre de travaux de recherche, du développement de matériels, de logiciels et   d'algorithmes. La plupart de ces travaux sont conduits et diffusés de manière planétaire que ce soit via les organismes de normalisation, les associations de constructeurs, le code ouvert (open source), les industriels. Les techniques numériques bénéficient ainsi d'une extraordinaire synergie qui explique leur expansion sans obstacles. En conséquence elle vont conduire à des transformations et des bouleversements profonds dans la vie des êtres humains.

« Quand on passe les bornes, il n'y a plus de limites »
Alfred Garry

Ce qui était impossible auparavant devient possible maintenant. En effet, dans le domaine du numérique beaucoup de barrières techniques qui constituaient autant de bornes et de freins aux développements d'applications, sont tombées que ce soit en termes de puissance de traitement de l'information, de tailles de mémoires, de stockage de volumes très importants de données (*Big data*), des réseaux de communication fixes ou mobiles à haut ou très haut débits, de couverture planétaire de ces réseaux et de leur interconnexion internet. Ce que la nature a fait pour l'infiniment petit et l'infiniment grand, l'être humain l'a fait avec les techniques numériques qui sont encore loin d'avoir montré les limites de leurs possibilités. Tout ceci accompagné d'une baisse des coûts qui démocratise et diffuse l'utilisation des produits et services numériques à une échelle planétaire. Le deuxième chapitre est consacré à l'environnement numérique construit avec des techniques numériques.

L'ENVIRONNEMENT NUMÉRIQUE

La société de l'information désigne une société où les techniques de l'information jouent un rôle fondamental. Elle est en général placée dans la continuité de la société industrielle avec comme appellation quatrième révolution industrielle. En effet l'information est aujourd'hui considérée comme une ressource comme le sont d'autres ressources naturelles. Cette ressource est exploitée par des systèmes de traitement de l'information.

La révolution numérique (digitale) est un bouleversement qui impacte en profondeur la société, l'économie et la vie courante. Il est provoqué par l'essor des techniques numériques qui s'implantent progressivement et massivement dans tous les domaines. Les appareils informatiques, plus généralement programmables et les réseaux de communication sont le socle technique de la révolution numérique.

La révolution numérique est-elle comparable aux révolutions industrielles passées ?

La théorie économique du déversement ou de compensation élaborée par l'économiste démographe Alfred Sauvy explique que la main-d'œuvre, suite à l'introduction de la mécanisation dans une branche, va se déverser dans une autre branche économique pour retrouver un emploi. Cette théorie s'est appliquée aux précédentes révolutions industrielles mais s'applique-t-elle à la quatrième révolution industrielle : la révolution numérique.

Pour le professeur Andrew McAfee, cette fois, c'est différent. Pourquoi ? S'appuyant sur des données américaines, mais la tendance est identique partout dans les pays développés, le professeur souligne les éléments nouveaux qui font douter du fonctionnement aujourd'hui de la théorie du déversement. Le pouvoir d'achat moyen stagne depuis plus de vingt ans, la classe moyenne est en voie d'érosion, la part des salaires dans la valeur ajoutée diminue. Tous ces facteurs sont porteurs d'une atonie de la demande, qui pourrait empêcher certains nouveaux secteurs d'émerger. Et surtout, l'accélération technique est sans fin. Jusqu'à maintenant, les systèmes numériques permettaient de supprimer les tâches répétitives, mais désormais, ils vont beaucoup plus loin, ils peuvent prendre en charge des travaux de conception, ordinairement confiés à des salariés très qualifiés. Du travail qui était effectué par des êtres humains devient donc de moins en moins nécessaire. Le sociologue Anthony Giddens, professeur à London School of Economics, avance un chiffre : « 47% des emplois sur le marché du travail américain sont menacés de destruction dans les 20 ans à venir ».

La révolution numérique va au delà de l'automatisation assistée par des êtres humains, elle vise l'autonomie complète qui *in fine* se passe d'êtres humains.

Prenons l'exemple des caisses automatiques dans les magasins. Les caisses classiques opérées par des caissières identifient les produits grâce à leur code d'identification entré par la caissière ou lu sur un lecteur, enregistrent leur prix, produisent un ticket de caisse. Ces opérations sont effectuées sous la responsabilité de la caissière qui s'assure que tous les produits du client sont facturés. Avec les nouvelles caisses autonomes, le client passe les produits devant un lecteur. La caisse se rend compte que tous les produits ont été enregistrés et procède au paiement. Un seul employé supervise plusieurs caisses et apporte une assistance aux clients. Le concept du magasin *Amazon Go* ouvert à Seattle consiste à supprimer caisses et caissières. Chaque client qui rentre dans le magasin s'identifie à un tourniquet. Il peut prendre tout ce qu'il veut sur les étagères et sortir naturellement du magasin en passant sous un portique pour la facturation sans passer à une caisse. Vous paierez tout ce que vous prendrez par un prélèvement sur votre compte Amazon. Grâce à des caméras et des capteurs de poids placés dans les étagères, le système est capable de savoir quelle personne a pris quel produit.

L'ÉCONOMIE DU PARTAGE

Certaines ressources sont peu ou pas utilisées : par exemple certains ordinateurs dans une entreprise, une ou plusieurs pièces dans un logement, un appartement ou une maison non occupés, un véhicule automobile dans un garage ou qui circule avec moins de personnes que de places, des outils... Avec le numérique sont apparues des applications qui tirent partie de ressources existantes pour en optimiser l'utilisation par exemple Airbnb pour la location de logements par des particuliers, Blablacar pour du co-voiturage. Ces applications font partie de ce qui est appelé l'économie du partage.

SUBSTITUER LE CAPITAL AU TRAVAIL

C'est une des politiques de la stratégie de l'entreprise de remplacer des emplois salariés par des systèmes informatiques (ce terme doit être pris au sens large, il inclut des ordinateurs, des robots industriels…). Le but est d'améliorer la productivité et de diminuer les coûts du travail. Cette stratégie est mise en œuvre notamment dans des relocalisations d'entreprises qui, après avoir été délocalisées dans des pays à faible coût du travail, sont relocalisées parce que ces pays ont des coûts du travail qui ne sont plus compétitifs par rapport à des systèmes informatiques qui vont les remplacer.

L'approche optimiste s'appuie sur les expériences passées. Les premières révolutions industrielles ont évidemment détruit beaucoup d'emplois, provoquant l'inquiétude et la révolte de certaines catégories de travailleurs, mais d'autres emplois sont toujours apparus par ailleurs, en nombre plus grand.

Sommes nous dans cette configuration ?

Pour Andrew McAfee, du MIT, bien sûr, il y a de bonnes raisons de considérer que la destruction d'emplois dans certaines activités sera accompagnée de créations dans d'autres. C'est la théorie du « déversement », que l'économiste Ricardo a émise dès le début du XIXe siècle. La phrase « Voilà 200 ans que les gens s'inquiètent de la destruction des emplois liée à l'arrivée des machines, cela fait 200 ans qu'ils finissent toujours par avoir tort, car des emplois en nombre supérieur sont créés par ailleurs », relève l'économiste Andrew McAfee. Il n'y aurait pas de quoi s'inquiéter, donc ?

Mais cette fois c'est différent. Pourquoi ? S'appuyant sur des données venant des Etats Unis, mais la tendance est identique partout dans les pays développés, le professeur au MIT souligne les éléments nouveaux qui font aujourd'hui douter du fonctionnement de la théorie du déversement. Le pouvoir d'achat moyen stagne depuis plus de 20 ans, la classe moyenne est en voie d'érosion, la part des salaires dans la valeur ajoutée diminue. « On n'a jamais vu ça » insiste-t-il. Tous ces facteurs sont porteurs d'une atonie de la demande, qui pourrait empêcher certains nouveaux secteurs d'émerger.

Surtout, l'accélération technique est sans fin. Jusqu'à maintenant, les ordinateurs permettaient de supprimer les tâches répétitives ou fatigantes, mais désormais, ils vont beaucoup plus loin, ils peuvent prendre en charge des travaux de conception, ordinairement confiés à des êtres humains.

LA TRANSFORMATION NUMÉRIQUE

C'est l'utilisation de techniques numériques dans des produits (objets, services), des activités pour des domaines où elles n'étaient pas présentes. Une transformation numérique est un processus qui comprend généralement plusieurs étapes afin d'assurer une continuité avec l'existant, gérer le changement et tirer partie des évolutions techniques. Prenons quatre exemples : le paiement des péages sur les autoroutes, l'édition, la musique enregistrée et les guides de musée. Le premier exemple, paiement des péages d'autoroute a connu plusieurs étapes de transformation numérique :

- au départ un guichet avec un être humain qui gère le paiement du trajet sur présentation par le conducteur ou un passager du véhicule d'un ticket d'entrée sur l'autoroute,
- une caisse automatique (il n'y plus d'être humain) qui lit le ticket et accepte cartes de paiement ou espèces. Pour accélérer le paiement, certaines caisses sont aujourd'hui équipées d'un lecteur sans contact.
- le télépéage : Un badge apposé sur le pare brise du véhicule ou bien la lecture par une caméra de la plaque d'immatriculation permet de payer un trajet par prélèvement automatique sans avoir besoin d'arrêter son véhicule. L'avantage du télépéage est de supprimer les files d'attente aux péages et de diminuer l'émission de CO_2. C'est devenu une obligation dans certains pays.

Le deuxième exemple concerne les maisons d'édition existantes qui se sont lancées dans une transformation numérique. Elles ont maintenu deux formats d'édition : le format classique papier qui est la continuité et le format numérique. Les livres numériques sont moins chers que les livres papier (pas de coûts d'impression),plus écologiques (plus de papier). La distribution des livres numériques via internet est plus simple et moins couteuse que la distribution des livres papier. La lecture des livres numériques est possible sur plusieurs appareils : liseuses (tablettes), PCs, smartphones.

Le troisième exemple concerne le marché numérique de la musique enregistrée obtenue par téléchargement ou streaming (envoi de contenu en direct). Ce marché continue sa progression. En 2017, pour la première fois, les revenus du streaming ont dépassé ceux des ventes de musique sur des supports physiques qui deviennent un marché de niche. La vente de CD diminue mais un marché du passé a refait surface : le vinyle. Une tendance vintage qui prend de l'ampleur et qui s'accentue. En 2017, le vinyle, a représenté 18 % du chiffre d'affaires du rayon musique contre 6 % en 2015.

Le quatrième exemple traite de l'organisation des visites guidées dans les musées, les sites, les monuments... Parmi les possibilités ::
- les guides humains. Les visiteurs doivent réserver ce qui est parfois impossible en cas d'affluence, ils doivent respecter des heures de visite. Lors d'une visite, le guide et les visiteurs peuvent avoir des difficultés à se faire entendre et à entendre si le groupe est important. Les déplacements des groupes peuvent gêner les autres visiteurs.
- l'audio-guide qui est une solution personnelle qui permet de visiter à son rythme, nécessite un investissement dans des appareils, leur maintenance, leur distribution et leur récupération par du personnel
- le podcast est la solution numérique personnelle la plus simple et la moins couteuse. C'est un fichier que le visiteur télécharge sur son smartphone via internet. Chaque visiteur peut visiter à son rythme. La condition est que le visiteur dispose d'un smartphone et d'un abonnement internet, ce qui est de plus en plus courant.

La transformation numérique pour une entreprise qui adresse un marché donné n'a pas que des avantages. Un des inconvénients est l'apparition de nouveaux concurrents qui sont 100% numériques et qui utilisent souvent de nouveaux modèles économiques. Ces nouveaux concurrents peuvent devenir rapidement des concurrents dangereux sur le marché concerné.

Par exemple, les éditeurs 100% numériques sont des maisons d'édition qui conçoivent et publient des livres uniquement sous format numérique qui sont destinés aux nouveaux usages de lecture numérique. Ces éditeurs ne sont plus tributaires de la chaîne du livre et des contraintes des éditions traditionnelles. Un autre avantage de l'édition 100% numérique est de faciliter l'édition de livres par les auteurs. La plateforme *kindle direct publishing* permet à tout un chacun d'éditer un livre numérique sur Amazon.

Un autre inconvénient est la non remise en cause de modèles existants si une transformation numérique calque des modèles existants non numériques. Il y a le risque de se priver d'améliorations dans les coûts et dans les organisations. La transformation numérique de l'informatique gouvernementale française en est un exemple. Dans une première phase de transformation numérique, chaque ministère a informatisé ses applications (il peut y en avoir plusieurs dizaines) associée à une organisation maîtrise d'ouvrage et maîtrise d'œuvre. Le résultat s'est soldé par la création d'autant de silos applicatifs qu'il existait d'applications. Il n'y a pas eu de réflexion sur le fait que ces silos avaient en commun un grand nombre de services techniques qui auraient pu être mutualisés car non spécifiques à l'aspect métier des applications. Dans une deuxième étape, l'utilisation d'une architecture orientée service (SOA) a conduit au développement de socles communs de services supportant les applications métier avec une optimisation des coûts de développement, de fonctionnement pour l'exploitation, les évolutions et la maintenance et de masse salariale.

LA TRANSITION NUMÉRIQUE

La transition numérique désigne une étape intermédiaire entre le monde non numérique et le monde numérique. Le monde numérique prendra place quand la transformation numérique sera achevée et que le monde sera entré dans l'ère numérique dont la réalité est encore mal définie.

ANTHROPOCÈNE ET ÈRE NUMÉRIQUE

L' anthropocène est une période de l'histoire de la Terre. Elle signifie que la Terre est sortie de son époque géologique actuelle pour entrer dans une nouvelle époque attribuable à l'activité humaine. Considérant que tous les humains ne sont pas responsables des effets de l'anthropocène, un concept alternatif, le capitalocène ciblé sur le capitalisme est utilisé. Il prend comme point de départ l'idée que le capitalisme est le principal responsable des déséquilibres environnementaux actuels. Le numérique s'inscrit dans l'anthropocène car ce sont des êtres humains qui en sont la cause.

IMPACTS POSITIFS DU NUMÉRIQUE

DÉMOCRATISATION ET QUASI GRATUITÉ

Le numérique permet de créer de nouveaux services plus accessibles et moins chers. Ils éliminent les problèmes de localisation géographique des clients et des fournisseurs, puisque via un appareil connecté (ordinateur, tablette, téléphone) il est possible de visiter *des* sites dans le monde entier, de comparer des offres de vendeurs, de demander des renseignements, de passer des commandes ou d'effectuer des réservations.

DÉMOCRATISATION DU SAVOIR

Tous les sujets peuvent être abordés et approfondis via les moteurs de recherche sur internet et les sites encyclopédiques comme Wikipedia, les tutoriels, les forums, les cours en ligne. Les sites d'apprentissage (*e-learning*) prolifèrent, tout le monde peut en créer, et s'y inscrire est la plupart du temps gratuit. Depuis quelques années dans le domaine du *e-learning*, de nombreuses universités proposent des cours gratuits en ligne, accessibles à de très grands nombres (masses) de participants, ce sont les *Massive Open Online Courses*, (MOOCS*)*.

DÉMOCRATISATION DE LA FABRICATION

Un laboratoire de fabrication *fab lab* (*fabrication laboratory*), est un lieu ouvert au public où sont mis à disposition toutes sortes d'outils, notamment des machines-outils pilotées par ordinateur comme les imprimantes 3D. Un *fablab* permet la conception et la réalisation d'objets mais aussi la transformation ou la réparation d'objets de la vie courante.

Le principe des *fab labs* est le partage libre d'espaces, de machines, de compétences et de savoirs.

Le réseau mondial formé par les *fab labs* a permis de mettre en place d'importants patrimoines d'informations qui alimentent des sites internet. L'importance de ces sites rend les *fab labs* plus accessibles et rendre les différents projets plus accessibles également.

Comme chaque *fab lab* se crée pour répondre aux besoins d'une communauté, la direction que prendra le *fab lab* dépendra directement de la communauté ou de ses fondateurs. Pour être identifié en tant que *fab lab* par la Fab Foundation, il faut passer par plusieurs étapes. Il est possible de suivre une formation à la Fab Academy.

MOYEN D'EXPRESSION SOCIALE

Merci le peuple, merci Facebook
Slogan du mouvement du printemps Arabe

Les réseaux sociaux ont une très forte audience, 2 milliards d'utilisateurs pour Facebook et 1 milliard pour Instagram racheté par Facebook. Au premier trimestre 2019, Twitter compte 330 millions d'utilisateurs actifs mensuels dans le monde. Ces types de plateforme sont les vecteurs du meilleur et du pire (diffusion de *fake news*).

Facebook a intégré l'intelligence artificielle à tous les niveaux de sa plateforme. Depuis 2018, le nouvel algorithme de Facebook oblige d'utiliser un groupe pour partager autour d'une cause ou un centre d'intérêt commun. Les groupes sont extrêmement puissants pour développer une communauté et ont favorisé le mouvement des gilets jaunes. Les réseaux sociaux se sont ainsi installés au cœur de la société et ont démarré une révolution dans le fonctionnement des démocraties.

Plusieurs gouvernements sont décidés à légiférer sur le fonctionnement de ces plateformes devenues un enjeu démocratique majeur en leur imposant de contrôler la diffusion de leur contenu.

BAISSE DES COÛTS (LOW COST)

La réduction du nombre d'intermédiaires dans des services (réservation de billets, opérations bancaires, vente en ligne, prises de rendez vous) se traduit par des baisses de coût pour le client.

Dans l'économie du partage, cette baisse des coûts est encore plus importante quand les services (location, transport...) sont rendus par des non professionnels (exemples : location d'appartements AirBnB, transport par co-voiturage BlaBlacar, échanges d'appartements).

L'ENVIRONNEMENT NUMÉRIQUE

INNOVATIONS

Parmi les innovations liées au numérique, on peut citer les transactions haute fréquence qui exécutent à très grande vitesse les transactions financières ; les véhicules autonomes ; les applications d'intelligence artificielle comme le système cognitif WATSON de la société IBM qui est capable de comprendre des données, d'en tirer des enseignements et de les utiliser pour raisonner ; les systèmes de paiement dématérialisés ; la monnaie numérique comme la monnaie sécurisée par cryptographie *bitcoin* ; les transactions numériques basées sur la technique des chaînes de bloc (*blockchain*) qui évitent un tiers de confiance ; la reconnaissance faciale ; la médecine numérique…

NOUVEAUX PRODUITS ET SERVICES

Les équipements grand public et industriels (machine à laver, téléviseur…) embarquent sur une carte électronique, un ordinateur d'entrée de gamme. Ceci permet de remplacer la logique électro-mécanique par une logique numérique, moins coûteuse, flexible, évolutive et plus facile à maintenir.

Les objets connectés comme les sondes et les capteurs équipent aujourd'hui un grand nombre d'équipements grand public ou industriels pour de la détection de pannes, de présence, de mouvement, de localisation, de seuils de température, de pression…

De nouveaux services innovants qui simplifient la vie de l'usager voient le jour. La mobilité comme un service *Mobility as a Service (MaaS)* en est un exemple. C'est un bouquet de services de transports publics et privés, proposés à l'usager final à travers une interface de service unique permettant de préciser des critères comme le temps, le prix, l'empreinte écologique…. et de simplifier le paiement avec seul ticket. L'entreprise finlandaise MaaS Global a développé WHIM, une application qui rend un service MaaS qui préfigure les services de transport urbain de demain. WHIM est en service à Helsinki, ses objectifs sont le recul de la voiture individuelle et le développement des transports en commun ou partagés. WHIM permet de localiser stations et moyens de transport (train, tram, bus, métro, taxi, vélo,…), de vérifier horaires et disponibilités, de comparer différentes combinaisons, de sélectionner un moyen de transport, de réserver, de payer et de valider en un clic les trajets et les tickets dématérialisés, ainsi que souscrire des formules d'abonnement incluant tous les modes de transport.

RAPIDITÉ ET SIMPLIFICATION

Le numérique accélère et simplifie les opérations issues de procédures obsolètes qui se traduisaient par l'échange de documents papier avec des délais liés au courrier ou l'obligation de se présenter à un guichet. Le paiement sans contact à l'aide de sa carte bleue ou de son téléphone (*Paylib*) sont des exemples de simplification et de rapidité dans une opération de paiement sécurisée.

DIVERSIFICATION

La maîtrise du numérique permet à des entreprises comme les géants du Web de diversifier leurs activités:
- Google, grand consommateur d'énergie électrique avec ses centres de calcul est devenu producteur d'électricité. En 2009, Google a lancé le projet de véhicules autonomes Google Car ; en 2016, Google a décidé de confier le projet Google Car à une nouvelle structure. Intitulée Waymo, en association avec Fiat Chrysler.
- Amazon se lance dans l'alimentaire avec des supermarchés complètement automatisés (Amazon Go), dans la banque par des prêts aux petites entreprises (Amazon lending) et devrait proposer au cours du premier semestre 2019 une offre de monnaie virtuelle (cryptomonnaie) pour l'envoi immédiat de fonds sans intermédiaire bancaire,
- Apple dont le nombre d'iPhone en service dépasse le milliard, doit faire face à un marché qui se tasse et à une concurrence de plus en plus agressive (Huawai, Samsung,…). Il a décidé d'étendre sa diversification dans la finance et la gestion de contenu par abonnement (*Subscription Video on Demand* -SVOD).
Dans le domaine de la finance, Apple va lancer au deuxième semestre 2019, aux Etat Unis seulement pour le moment, une carte bancaire virtuelle compatible avec Apple Pay, ainsi qu'une carte bancaire physique pour ceux qui ne disposent pas de l'application Apple Pay. Décidé à révolutionner le marché des cartes bancaires Apple a mis en avant comme avantages :
- aucun frais : pas de coût annuel récurrent, pas de pénalités de dépassement de découvert ou de retard de paiement, pas de frais pour les paiements internationaux.
- si on contracte un crédit, le taux d'intérêt en fonction de la période de remboursement choisie sera indiqué clairement,
- des relevés de compte simplifiés pour chaque achat effectué avec la carte,.

- le reversement immédiat de 1% à 3% selon le type d'achat avec la carte, de la somme dépensée en "cash" sous forme de monnaie électronique,
- un service client accessible via SMS.

Un autre axe de diversification envisagé par Apple est la gestion de contenu avec l'annonce du lancement en automne 2019 dans plus de 100 pays dont la France, d'une nouvelle plateforme de vidéo par abonnement Apple TV Plus. Apple TV+ sera présente sur les appareils iOS (iPhone et iPAD) et des smart TV. Elle est destinée à concurrencer Netflix.

LES INTERACTIONS

Les interactions sont de différentes natures et peuvent concerner toute sorte d'objets. Par définition ce sont des actions réciproques entre deux objets. Exemple, la gravitation est l'interaction entre des objets de l'univers qui ont une masse. Sur terre, plusieurs millions d'espèces ont été dénombrées dans la biosphère qui est le niveau planétaire d'intégration de toutes les échelles du vivant. Les populations des diverses espèces interagissent. L'espèce numérique a été conçue par l'espèce humaine. Elle a été dotée d'interfaces qui sont des dispositifs permettant des échanges et des interactions à l'intérieur de l'espèce comme le sont les interactions entre logiciels et matériels et entre matériels mais aussi avec d'autres espèces comme l'espèce humaine (dans ce cas on parle d'Interface Homme-Machine (IHM). Dans ce dernier cas des interfaces ergonomiques et efficaces ont été développées avec des dispositifs basés sur la vue (écrans), l'ouïe (haut-parleurs), le toucher (claviers, écrans tactiles), le mouvement (détecteurs de mouvement), la position (détecteurs de position). Les échanges et interactions entre l'espèce humaine et l'espèce numérique ont fortement développé les interactions entre êtres humains sous une forme virtuelle au détriment des interactions humaines, ce que beaucoup d'êtres humains déplorent. L'espèce numérique joue ainsi un rôle de plus en plus important d'intermédiaire entre êtres humains.

GESTION DU CHANGEMENT

La plupart des entreprises reconnaissent que le changement permanent est désormais inévitable. La tendance générale pour gérer le changement est d'adopter le plus vite possible des techniques avancées et d'ouvrir la porte à l'innovation. À l'ère numérique, l'évolution vers le numérique, le programmable et l'intelligent doit être la devise des entreprises et des organisations pour la gestion du changement. L'évolution vers le numérique passe par la transformation des actifs physiques qui peuvent l'être, en général la plupart, en actifs numériques. Ces types d'actifs peuvent être dupliqués ou modifiés plus rapidement que les actifs physiques. La numérisation des actifs ouvre la porte à tout un univers de manipulation logicielle possible par la programmation. Cette évolution est composée principalement d'algorithmes et d'interfaces de programmes qui permettent la manipulation logicielle. Comme les actifs numériques peuvent être contrôlés et gérés par des logiciels, voire transformés par ces derniers, la nature programmable des logiciels est essentielle. L'avantage concurrentiel réside dans la qualité des algorithmes et des interfaces des programmes. Cependant, l'intégration des applications et des données en utilisant les interfaces des programmes peut s'avérer complexe. L'application de méthodes d'analyses avancées et d'apprentissage automatique à la tâche d'intégration va en réduire la complexité. L'évolution vers l'intelligent passe vers l'utilisation de systèmes dotés d'"intelligence artificielle. Cette dernière progresse rapidement. L'aboutissement du numérique va passer par la capacité à utiliser des systèmes intelligents et l'apprentissage automatique en vue d'améliorer la prise de décisions ou de créer des environnements autonomes.

A partir de la fin du XVIIIe siècle, l'agriculture, l'économie et la société ont été modifiées profondément par des révolutions industrielles traduisant le changement rapide de l'industrie. La première a été la mécanisation et l'utilisation de la vapeur comme énergie, la seconde l'apparition de nouvelles énergies comme l'électricité, l'avènement de la chimie et la production de masse, et la troisième l'utilisation de l'électronique et des techniques de l'information pour automatiser la production. La révolution numérique est la cause de la quatrième révolution industrielle qui se caractérise par des transformations profondes dans tous les domaines. Dans le cadre de ces transformations, l'entreprise représentative de la quatrième révolution industrielle encore appelée entreprise 4.0 est une tendance forte en cours de développement. Elle repense tous les postes de l'entreprise : la recherche, la conception, la fabrication, la commercialisation, la logistique, les ressources humaines. L'entreprise 4.0 repose sur une infrastructure décentralisée de ressources réelles et virtuelles interconnectées et communicantes et s'appuie sur l'analyse de données, l'intelligence artificielle, les objets connectés, la simulation, la prédiction, de nouveaux outils comme les imprimantes 3D. Elle vise une productivité accrue grâce à l'utilisation de robots et de cobots. Les cobots sont une espèce de robots collaboratifs (jusqu'à quand ?) qui assistent l'être humain en automatisant une partie de ses tâches notamment celles qui sont fatigantes et répétitives.

L'objectif est la production de masse pour toute sorte de produits et services qui peuvent être uniques, à des coûts compétitifs.

IMPACTS NÉGATIFS DU NUMÉRIQUE

LE GRAND REMPLACEMENT

> *Aucun emploi non complémentaire de l'intelligence artificielle n'existera en 2050*
> *Laurent Alexandre essayiste et cofondateur du site Web Doctissimo, président de DNAvision.*

> *Que se passera-t-il si les gens n'ont plus rien à faire ?*
> *Bill Gates*

Ce grand remplacement concerne les emplois des êtres humains. Précisons la différence entre emploi et travail. L'emploi est un travail rémunéré sous contrat alors qu'un travail n'est pas synonyme d'emploi soit parce qu'il ne donne pas lieu à un contrat rémunéré comme le bénévolat soit, et de plus en plus, parce qu'il est effectué par une entité qui n'est pas un être humain. Ce sont des emplois et non du travail que le numérique va supprimer massivement. Si la révolution numérique se présente à première vue comme une répétition des précédentes révolutions industrielles qui ont causé d'abord des suppressions d'emplois et ensuite des créations de nouveaux emplois, il apparait qu'avec le numérique, le cas de figure est bien différent.

Faisons un bref retour dans le passé... 1811. Alors que la révolution industrielle transforme l'Angleterre, un conflit industriel violent appelé luddisme éclate. Casse de machines, incendies et émeutes se multiplient dans les manufactures. Les luddites viennent de déclarer la guerre aux « machines » préjudiciables à la communauté. Puisque les artisans doivent faire le deuil de leur savoir-faire et migrer vers les villes, les luddites se dressent contre la dépossession de leur métier désormais remplacé par la machine.

Plus tard, dans le document « le fragment sur les machines » qui fait partie des manuscrits *grundisse* écrits dans les années 1857-1858, Karl Marx aborde la question, aujourd'hui d'actualité, de définir la valeur d'un bien qui dans sa forme simple est basée sur le temps de travail nécessaire pour le faire, quand le travail humain requis pour créer des biens se rapproche de zéro. Il en déduit la contradiction suivante du capital : d'un côté, l'exigence de valorisation le pousse à maximiser la quantité de travail « aspiré » ou absorbé, d'un autre côté, cependant, les méthodes dont il faut user pour obtenir de la plus-value à une échelle croissante, notamment les méthodes nécessaires à l'extraction de plus-value relative, conduisent inévitablement à l'expulsion, explicite ou implicite, des travailleurs hors du processus de production immédiat. Elles conduisent donc à l'exclusion des sujets humains qui, seuls, peuvent délivrer du travail vivant. La conséquence est citée dans le capital (Das Kapital. Kritik der politischen Ökonomie, ouvrage majeur de Karl Marx) : la course au profit et à la productivité des entreprises mènent naturellement à avoir de moins en moins besoin de travailleurs, créant une « armée industrielle de réserve » de pauvres et de chômeurs : « l'accumulation de la richesse à un pôle est, par conséquent, en même temps l'accumulation de la misère à l'autre pôle ». Nous sommes bien dans cette situation aujourd'hui quand les techniques numériques rayent des pans entiers de travaux réalisés par des êtres humains.

Juin 2015. Les manifestations de chauffeurs de taxis avec parfois des violences se généralisent dans plusieurs villes en France (d'autre villes dans le monde ont également été touchées par cette révolte). Les chauffeurs de taxi se révoltent contre l'application internet de la société Uber qui bouleverse le secteur ultra règlementé des taxis parce qu'elle leur crée disent-ils une concurrence déloyale et menace leur profession. Le terme ubérisation est devenu synonyme d'une nouvelle forme d'économie grâce à la démocratisation du haut débit, des smart-phones et de la géo localisation. L'ubérisation permet des contacts directs entre des fournisseurs de services (professionnels ou particuliers) et des clients de manière quasi instantanée. Un des objectifs de l'ubérisation est la suppression des intermédiaires et en conséquence d'offrir des tarifs compétitifs. Cette nouvelle forme d'activité est en train de gagner du terrain de façon fulgurante dans de nombreux secteurs comme le transport, la logistique, le tourisme, les services à la personne, la restauration, la banque...

Si l'on revient aux chauffeurs de taxis, quel est l'avenir de cette profession ? Carlos Ghosn qui a dirigé Renault-Nissan le confirme. Vers 2025 la profession de taxi aura totalement disparu, puisque les voitures devraient être complètement autonomes. Noter que l'introduction des voitures autonomes en Europe est annoncée pour 2020. En France, le Conseil des ministres a donné le mercredi 3 août 2016 son feu vert au développement de services à bas coût (*low cost*) accessibles via une connexion internet : réservation de places de transport, banques en ligne, commerce en ligne, assurances en ligne, paiements sécurisés... Le numérique met à disposition de tout un chacun des informations, des applications internet qui offrent des services en ligne comme Airbnb, Blablacar, eBay, Groupon, Le bon coin, Postmates... Le numérique rationalise le fonctionnement des entreprises : plus besoin d'agences de proximité et de leur personnel quand le service est proposé en ligne. Des centres d'appel pour la plupart délocalisés dans des pays où la main d'œuvre est moins chère, assurent un contact humain de plus ou moins bonne qualité.

Les progrès techniques améliorent la productivité. Les robots industriels prennent une place grandissante dans les usines. La Chine, les États-Unis, le Japon, l'Allemagne et la Corée du Sud achètent 80 % des robots industriels. Chaque année le stock mondial de robots augmente dans tous les secteurs d'activité. Les robots sont toujours plus sophistiqués, ils remplissent de plus en plus de tâches qui font diminuer et *in fine* disparaître des emplois tenus par des êtres humains.

En septembre 2018, une étude du Forum économique mondial a considéré que l'automatisation allait connaître une véritable explosion et modifier en profondeur le fonctionnement des entreprises. Et que, d'ici 2025, plus de la moitié de toutes les tâches professionnelles actuelles réalisées sur le lieu de travail seraient effectuées par des machines, contre 29 % aujourd'hui.

Au Japon, pour les entreprises, tous secteurs confondus, le choix du renforcement de l'automatisation, de la robotisation et des techniques de l'information est une stratégie du gouvernement pour faire face à une démographie déclinante et pallie une absence de politique favorisant l'immigration de masse.

Dès maintenant, un travail devrait être qualifié comme effectué par un humain, un non humain ou avec un pourcentage de travail humain et non humain. Le travail réalisé par des non humains va se faire au détriment du travail réalisé par des êtres humains et des emplois qui lui sont rattachés. Le travail réalisé par des non humains appelés des êtres numériques sera-t-il synonyme de davantage de chômage de masse, d'oisiveté forcée, de fracture accentuée entre ceux qui vont exploiter le travail des êtres numériques et ceux sans travail, sans emploi ou effectuant des travaux ingrats et dévalorisés. La diminution du travail effectué par des êtres humains et des emplois qui lui sont associés est déjà enclenchée et ne peut que s'accentuer. Le plein emploi qui fait encore partie des promesses des personnalités politiques est une utopie.

En conclusion on perçoit que si les nouvelles techniques ont dans un premier temps rendu l'être humain plus productif, les êtres numériques vont le rendre inutile dans bien des tâches dont ils vont prendre la maîtrise complète.

L'OBSOLESCENCE ACCÉLÉRÉE

Contrairement aux révolutions industrielles passées qui étaient cantonnées dans certains secteurs en général industriels, une particularité de la révolution numérique est qu'elle concerne tous les secteurs. Tout ce qui est numérique est synonyme de rapidité dans l'exécution, dans les évolutions, dans les changements. Ceci rend obsolète les organisations actuelles ainsi que les organismes institutionnels qui ont été conçus à une époque où les techniques numériques n'avaient pas les possibilités d'aujourd'hui et même si ils sont engagés dans une transformation numérique, ils ont du mal à suivre et sont souvent pris de vitesse. Comme exemple, les institutions gouvernementales françaises légifèrent avec des méthodes dépassées. Une loi met en moyenne 9,4 mois pour être adoptée sans compter le temps de mise en application par un ou plusieurs décrets. De plus les lois sont généralement en réaction plus qu'en anticipation des changements que les évolutions irréversibles du monde numérique imposent. Ceci traduit un manque d'anticipation à l'arrivée de produits et services numériques ainsi que de compréhension de l'ampleur et des impacts des changements qu'ils apportent. Des vides juridiques se créent. Ceci met également en exergue le manque de culture scientifique des édiles/élites qui se traduit par un manque de vision et de compréhension des changements profonds liés au numérique. Ils pensent que le numérique est une formidable opportunité de croissance économique sans trop savoir souvent pourquoi, et ils ne prennent pas la mesure des bouleversements que le numérique occasionne notamment ceux négatifs dans les suppressions d'emplois à venir.

A cette difficulté à suivre ces évolutions au rythme souhaitable, se greffe le frein à l'innovation numérique engendré par la complexité de la règlementation et les délais pour obtenir des autorisations dans les secteurs réglementés.

LES DANGERS DES ALGORITHMES

Les algorithmes peuvent être entachés d'erreurs, ne pas prévoir tous les cas ce qui est un danger quand ces algorithmes conduisent à des situations critiques.

Deux exemples récents de mise en cause d'algorithmes dans la mort d'êtres humains sont :
- en 2018, la mort suite à ses blessures d'une piétonne heurtée par une voiture autonome UBER. en 2018conduite sous le contrôle d'algorithmes.
- les algorithmes du système anti-décrochage MCAS (Manoeuvering Characteristics Augmentation System) et du logiciel de simulation du boeing 737 MAX ont été reconnus incapables de reproduire certaines conditions de vol ce qui a été la cause de deux accidents d'avion en 2018 et 2019 ayant causé 346 morts et l'interdiction de vol de ce type d'appareil.

Parce que des algorithmes peuvent être conçus pour s'immiscer dans la vie privée, menacer la sécurité et contribuer aux inégalités et aux injustices, on doit pouvoir anticiper ces risques avant qu'ils ne se produisent.

Un danger est l'opacité des algorithmes si on ne dispose pas des clés pour comprendre ce qu'ils font et comment ils se comportent. Faute de cette connaissance, on ne pourra que déplorer leurs éventuels effets pervers, et sans doute trop tardivement.

LES MENACES DES GÉANTS DU WEB

Des mastodontes de l'industrie numérique agissent comme des pieuvres qui déploient leurs tentacules dans l'économie mondiale. Les plus connus sont les GAFAM (Google, Apple, Facebook, Amazon, Microsoft) aux Etats Unis et leur équivalent chinois BATX (Baidu, Alibaba, Tencent et Xiaomi). Il y a également les NATU (Netflix, Airbnb, Tesla et Uber), quatre nouvelles entreprises avec quatre nouveaux modèles économiques. On peut citer également les FINTEC. Ce sont des *start-up* qui utilisent de nouvelles techniques pour concurrencer les services financiers des banques traditionnelles. Les entreprises géantes GAFAM, BATX ou NATU se caractérisent par leur chiffre d'affaires colossal, l'ensemble des entreprises du GAFAM pèsent plus lourd que l'ensemble des entreprises cotées au CAC 40 français (Source les Echos), également leur croissance et leur capacité à changer le monde par leurs innovations avec d'énormes investissements en recherche, notamment en intelligence artificielle et enfin leur hégémonie, leur domination planétaire, leur optimisation fiscale, leur main mise sur les données privées, leur capacité à se diversifier.. Un exemple de la puissance des GAFAM est l'envoi d'un ambassadeur par le Danemark chez Google. Ils ont fini par provoquer en Europe des réactions politiques un peu tardives.

L'EXCLUSION

L'emprise du numérique dans notre société marginalise de nombreux êtres humains, les causes sont multiples :
- la fracture numérique. En France, les zones blanches non desservies par un réseau de téléphonie mobile ou internet représentent 15% du territoire (exemples Bretagne et Massif Central).
- l'illectronisme qui est l'équivalent de l'illettrisme dans le domaine du numérique. C'est une forme d'exclusion numérique qui amène une population non négligeable, 19% en France en 2018 selon des enquêtes du Syndicat de la Presse Sociale (SPS) en liaison avec l'institut de sondages CSA (Conseil Sondages Analyses), à renoncer à des démarches administratives en ligne ou à des opérations sur internet (achats en ligne, réservation de billets, inscriptions et envois de dossiers à des organismes, recherche d'emplois…) en raison de leur inaptitude.

Les solutions sont multiples : accompagnement et formation aux usages, points numériques, aide au financement d'équipements et abonnements, solutions alternatives…

Quels sont les exclus principalement concernés ? ceux qui disposent de bas revenus, le quatrième âge, les sans diplômes, les habitants en zone rurale mais aussi étonnamment des femmes et des hommes de toutes les classes d'âge et de catégories sociales citadins ou ruraux.

Cela se traduit par des déplacements induits, des freins à la recherche d'emploi, à des démarches administratives chronophages, l'incapacité à bénéficier d'opportunités économiques telles des achats à moindre coût, etc… Ce qui aggrave encore les choses est le totalitarisme de fait de la société numérique qui ne laisse au citoyen aucun choix, aucun espace, aucune dérogation. L'objectif, n'est pas tant de faciliter la vie, mais plutôt de réaliser des économies sur la masse salariale.

RESPECT DE LA VIE PRIVÉE

Il est de notoriété que les géants du Web, GAFAM et autres avec leurs algorithmes d'exploitation des données personnelles de leurs utilisateurs à des fins commerciales, respectent peu leur vie privée. La sécurisation des données est également un enjeu capital pour les entreprises. C'est pourquoi toute entreprise doit prendre les mesures nécessaires pour garantir au mieux la sécurité de ses données. C'est pour ses raisons que tous les pays de l'Union Européenne ont défini et adopté le 25 Mai 2018 le Règlement Général sur la Protection des Données (RGPD). Cette règlementation contrôle et sécurise des données auxquelles les entreprises de l'Union devront se soumettre. Elles se verront exposées à des sanctions financières lorsqu'elles y dérogeront.

SURCHARGE INFORMATIONNELLE

L'excès d'informations ou « infobésité » est la cause de préjudices au niveau des organisations et des individus. Le choix de se limiter à certaines sources d'information ou de regrouper certaines actions sur une période donnée sont utiles pour résister à l'infobésité.

PERTE DE COMPÉTENCE ET DE SAVOIR FAIRE

« l'écriture est inhumaine, elle prétend établir en dehors de l'esprit ce qui ne peut être en réalité que dans l'esprit »

« l'écriture détruit la mémoire . Les utilisateurs de l'écriture perdront peu à peu la mémoire à force de compter sur une ressource externe pour parer à leur manque de ressources internes.

L'écriture affaiblit l'esprit … »

Extraits de le Phèdre et de la lettre VII contre l'écriture

Platon

Pour ce qui est du cerveau, je crois au vieil adage : ce qui ne sert pas se perd.

Harlan Coben

Si Platon revenait, il ferait certainement le même reproche au numérique. Les applications du numérique contribuent à faire baisser le besoin de savoir-faire et de compétences des êtres humains pour les activités dans lesquelles elles se substituent aux êtres humains. Pourquoi apprendre à faire des opérations quand ma calculette fait les opérations plus rapidement et sans erreur ? Un chauffeur de taxi avait besoin de compétences en connaissances de parcours. Avec un GPS, cette compétence n'est plus nécessaire et plus généralement est il encore nécessaire d'avoir et de savoir lire des cartes routières ? Savoir faire un créneau avec sa voiture ne sera plus nécessaire si sa voiture se gare toute seule grâce à des capteurs connectés à l'ordinateur de bord qui dirige le pilotage du véhicule. Dans quelques années, quand des véhicules complètement autonomes seront en service, sera-t-il nécessaire de savoir conduire ? Il y a transfert de savoir faire et de compétences de l'être humain vers des systèmes intelligents et *de facto* une atrophie des cerveaux humains.

RISQUES LIÉS AUX PROGRAMMES

Un programme informatique est composé de documentation (différentes spécifications) et de code source. Le code source est un langage informatique compréhensible par un être humain. Il est utilisé par un programmeur pour écrire un programme informatique. Le code source est ensuite interprété ou transformé en code binaire compréhensible par un ordinateur pour son exécution au moyen d'outils comme des interpréteurs et des compilateurs.) Un risque est la perte de la documentation et du code source de programmes informatiques anciens toujours utilisés par exemple des programmes bancaires écrits avec le langage de gestion COBOL (*COmmon Business Oriented Language*) créé en 1959. Ces programmes fonctionnent correctement mais il peut ne rester que le code machine exécutable en binaire c'est-à-dire des 0 et des 1 qui sont incompréhensibles à des êtres humains. Les reconductions de ces programmes sur de nouveaux systèmes garantis compatibles peuvent bien ou mal se passer et interdisent toute évolution. Il peut y avoir ainsi une nécessité de reconstituer le code source à partir du binaire.

Un autre risque est la responsabilité donnée à des algorithmes. On a eu l'expérience d'algorithmes utilisés pour des opérations de bourse automatisées qui ont presque conduit à des cracks boursiers par des effets dominos lors d'une crise. Dans les centrales nucléaires, les algorithmes sont très soigneusement testés car ils ont des responsabilités importantes sur le fonctionnement des centrales. Dans le domaine du militaire, il serait dangereux de permettre à des algorithmes de déclencher des tirs de missile nucléaire même si les conditions pour lesquelles ils devraient le faire sont remplies. Prochainement les algorithmes des véhicules autonomes ne sont pas à l'abri de comportements conduisant à des accidents.

BAISSE DE LA RÉFLEXION ET DE LA CONCENTRATION

La dépendance des jeunes au smartphone, le temps important qu'ils passent avec des appareils numériques et devant des écrans est devenue un réel enjeu de santé publique. Comment un adolescent peut il se concentrer et réfléchir quand il reçoit un SMS toutes les 30 secondes, qu'il dialogue des heures sur un réseau social, qu'il envoie et reçoit des dizaines de textos, qu'il fait des recherches sur internet. L'écriture via des claviers au lieu de l'écriture cursive est également mise en cause. L'ordinateur ne serait pas tant une aide pour l'enfant qu'un moyen de le rendre intellectuellement paresseux. Egalement on constate des effets sur la santé. De plus en plus d'enfants deviennent myopes et leur capacité cardio-vasculaire due à la sédentarité aurait chuté de 25% en 40 ans (Source Fédération française de cardiologie).

ADDICTION COMPORTEMENTALE

En juin 2018, l'Organisation Mondiale de la Santé (OMS) a défini les critères permettant de poser le diagnostic d'un « trouble du jeu vidéo ». Ainsi l'addiction aux jeux vidéos dont l'industrie a dépassé celle du cinéma, a été formellement reconnue comme maladie par l'Organisation mondiale de la santé (OMS). On estime que 2,5 milliards de personnes dans le monde jouent aujourd'hui aux jeux vidéo mais ce trouble défini comme « l'utilisation persistante ou récurrente de jeux vidéo, à la fois en ligne ou hors ligne » ne toucherait pour l'instant qu'une petite minorité qui concerne ceux qui jouent plus de huit heures par jour.

BAISSE DU QI

« Nous nous approchons du moment où les machines
seront capables de surpasser les humains dans
presque toutes les activités »
Moshe Vardi

Selon des chercheurs norvégiens dont les travaux ont été publiés le 11 juin 2018 dans la revue américaine PNAS (*Proceedings of the National Academy of Sciences*), la hausse de l'intelligence tout au long de l'histoire de l'humanité s'est arrêtée à notre époque, voire qu'une tendance à la baisse s'est amorcée. Ainsi, le QI des êtres humains nés après 1975 est en baisse. Parmi les hypothèses qui expliqueraient cette baisse sont évoqués les perturbateurs endocriniens, la démographie (les personnes qui ont un QI élevé font moins d'enfants que ceux qui ont un faible QI).

Une autre hypothèse plausible est que si les applications numériques sont capables de faire ce que font des êtres humains en se substituant à eux ou en faisant des choses que des êtres humains n'ont jamais fait ou ne sont pas capables de faire, ces derniers vont perdre de plus en plus des savoir faire, et des connaissances ce qui va assécher leurs capacités intellectuelles et en conséquence diminuer leur QI. Une phrase de l'assistant de Google est édifiante : « dites à Google de le faire et Google le fait ».

BAISSE DES INTERACTIONS HUMAINES

De plus en plus, les êtres humains interagissent avec un équipement numérique qui leur apporte des services pour communiquer, jouer, travailler, les assister, effectuer des transactions commerciales, bancaires... Il n'y a qu'à observer le nombre de personnes qui manipulent leur smartphone dans la rue ou un transport en commun. Ceci se fait au détriment de contacts humains.

CYBERNUISANCES

Le numérique amène avec lui de nouvelles formes de nuisances : la cyber-guerre qui, avec des cyberattaques conduites avec des outils numériques, peut mettre à mal l'existence d'un pays ; le cyberharcèlement qui sont des intrusions menaçantes et continues dans la vie en ligne d'une personne sous différentes formes : insultes, propos diffamatoires, rumeurs infondées, faux profils ; d'autres types de nuisances : le cyberterrorisme, les cyberfraudes, le cyberespionnage,… ont comme point commun l'utilisation d'outils numériques.

FAUSSES INFORMATIONS

Aidez nous à lutter contre les fake news
DONNEZ
Publicité de Reporters sans frontière

Sur internet, principalement sur les réseaux sociaux et sur d'autres media prolifèrent de plus en plus d'informations (textes, images, vidéos) qui sont des fausses nouvelles *fake news* (ou son équivalent francophone « infox »), des mensonges grossiers, des faits alternatifs (expression utilisée en janvier 2017 par Kellyanne Conway, conseillère du président Donald Trump), des théories du complot qui sont des rumeurs qui proposent de donner une vision d'un évènement comme résultant de l'action d'un groupe occulte qui agit dans l'ombre, ce qui n'exclut pas qu'il peut y avoir de vrais complots. Toutes ces fausses informations participent à des tentatives de désinformation dans le but d'obtenir un avantage, une déstabilisation, une perte de crédibilité.

D'apeès une enquête Ipsos (entreprise de sondages française et société internationale de marketing d'opinion) publiée en décembre 2006, 45% des internautes prennent en considération les avis de consommateurs avant de commander un produit ou un service sur internet. Or il s'avère que 33% des avis qu'ils soient favorables ou défavorables, sont truqués car ils sont achetés à des sites qui en font le commerce.

Les *deepfakes* qui sont la contraction de "deep learning" et "fake news" sont de fausses informations sous la forme de video truquées réalistes qui grâce à l'intelligence artificielle sont de plus en plus faciles à créer. Les *deepfakes* permettent de faire dire et de faire faire n'importe quoi à n'importe qui. Par exemple l'image de la Joconde a pu être animée par des algorithmes de *deepfake*. Le danger est l'utilisation malveillante des *deepfakes* comme par exemple la diffusion de faux discours d'hommes politiques en période d'élection.

En résumé, la frontière entre le vrai et le faux devient de plus en plus ténue.

PUISSANCE DE L'AUTOMATISATION

Chaque année le stock mondial de robots augmente. Des robots toujours plus sophistiqués remplissent de plus en plus de tâches et sont présents dans des métiers occupés par des êtres humains soit en les aidant soit en les remplaçant ce qui, dans les deux cas se traduit par des suppressions d'emplois.

Environ 2,1 millions de robots industriels devraient être vendus en moyenne dans le monde entre 2018 et 2021, avec un taux de croissance du marché de l'ordre de 14%. Les prévisions de vente cumulées pour le marché de la robotique professionnelle de service entre 2019 et 2021 sont de 46 milliards de dollars US avec comme robots les plus représentés ceux concernant la logistique, la médecine et les services de terrain, exemple les robots de traite pour le lait (source International Federation of Robotics-IFR).

Dans une étude publiée en aout 2014 par des chercheurs de l'Université d'Oxford, 47% des emplois aux Etats-Unis seraient confiés à des robots d'ici vingt ans. Ce qui est plus préoccupant c'est que les créations d'emplois dues à l'automatisation ne seront pas dans leur majorité à la hauteur des emplois détruits car l'intelligence est dans le robot et les emplois tenus par des humains dans leur environnement, ne nécessitent pas forcément un haut niveau de qualification.

LE MANQUE DE TEMPS

Le constat est devenu incontournable : le quotidien de l'être humain s'accélère chaque année un peu plus jusqu'à atteindre un point limite. Ses journées sont hachées par les avalanches d'appels téléphoniques, de mails, de réunions réelles ou virtuelles. Les journées se continuent (grâce à internet) souvent au domicile, après le travail. Le « toujours connecté » génère des êtres humains débordés qui sont guettés par le *burn-out*. Le numérique a une grande part de responsabilité dans cette accélération car il fait tomber les barrières du temps et l'accélère.

L'ÊTRE HUMAIN MAITRE OU ESCLAVE

Certains pensent que les systèmes informatiques sont obligatoirement contrôlés par des êtres humains. C'est vrai puisque à la base, ce sont des êtres humains qui définissent et programment les algorithmes. Le problème est qu'une fois ce travail effectué, le système informatique une fois opérationnel va être livré à lui-même et va en quelque sorte vivre sa propre vie qui est de respecter les règles, prendre les actions, les décisions que ses algorithmes décrivent. Si les algorithmes consistent en un suivi et un contrôle du travail d'êtres humains, on peut dire que des systèmes informatiques contrôlent l'activité d'êtres humains. Le but est en général pour une entreprise de maintenir la productivité de ses salariés à un niveau élevé. La pression sur le salarié lorsqu'elle est trop forte est source de nombreux problèmes de santé psychologique et physique. Ainsi, dans le domaine de la logistique, les préparateurs de commande humains (jusqu'au moment où ils seront remplacés par des robots) qui, sur leur chariot électrique, reçoivent leurs ordres d'une commande vocale générée par un système informatique en savent quelque chose.

LE NUMÉRIQUE ET LA MONDIALISATION

Le numérique occupe un rang de premier plan dans la mondialisation car il contribue au rapprochement et à l'intégration des économies et des sociétés. Ce qui à première vue est un point positif ne doit pas faire perdre de vue que la fracture numérique subie par ceux qui en sont éloignés, les non-utilisateurs et les exclus du numérique vont constituer les défavorisés numériques assimilables à des défavorisés sociaux qui doivent subir le chômage, les inégalités et la pauvreté.

PISTES DE SOLUTIONS

L'EMPLOI

Plusieurs facteurs dégradent l'emploi dans un pays : la perte de compétitivité liée à des coûts du travail trop élevés qui entraînent les délocalisations d'entreprises dans d'autres pays ou une main d'œuvre autant qualifiée est moins chère, l'emploi de travailleurs détachés qui reviennent moins cher, le manque de formation qui rend des êtres humains peu ou mal formés et inaptes aux emplois à pourvoir, un assistanat qui n'inciterait pas au travail… A ceci se rajoute dans certaines tâches le remplacement d'êtres humains par des êtres numériques. Ce remplacement se développe car les êtres numériques ont des avantages indéniables par rapport aux êtres humains pour les tâches qu'ils sont capables d'effectuer. Ils sont plus précis et plus efficaces car ils suivent sans dévier les directives pour accomplir leurs tâches. Ils sont plus productifs et infatigables, capables de travailler 24h sur 24, 7 jours sur 7. Enfin, ils sont plus rentables (pas de salaires, pas de cotisations sociales, pas de congés, pas de retraite, pas de revendications) et leur coût d'acquisition et d'exploitation est rapidement amorti.

Quelles solutions face à une chute prévisible des emplois humains liée à cette mutation d'origine technique qu'est la transformation numérique. Dns les pays vieillissants où le nombre de retraités dépasse le nombre d'entrants sur le marché du travail, le renouvellement moins rapide de la population active limite l'ampleur du chômage d'insertion mais à plus long terme pénalise l'emploi à cause de la hausse du coût du travail liée à l'augmentation de la charge des retraites. D'autres solutions sont en service ou à l'étude comme la baisse du temps de travail, le temps partiel, les emplois aidés où l'employeur reçoit une aide financière qui réduit le coût du travail… Il y a également la décroissance choisie par ceux qui ne se focalisent plus sur des emplois à plein temps afin de se laisser du temps à soi. Le besoin de solutions va s'amplifier avec la mutation technique liée à l'économie numérique qui bouleverse le marché du travail avec la disparition progressive des emplois moyennement qualifiés et la montée en puissance d'emplois soit très qualifiés mais peu nombreux, soit très peu qualifiés. Si des solutions ne sont pas apportées, la transformation numérique va augmenter le chômage endémique et le sous-prolétariat.

Notons toutefois, qu'utiliser des êtres numériques pour des emplois, recrée pour une entreprise une forme de compétitivité. On assiste à des relocalisations d'entreprises qui se sont rendues compte que relocaliser en automatisant leur coûterait moins cher que maintenir leurs entreprises délocalisées à l'étranger. Une relocalisation due à l'automatisation se traduit la plupart du temps par une diminution du nombre des emplois humains qui existaient avant la délocalisation, c'est le prix de l'automatisation.

LE REVENU DE BASE

« le revenu de base n'est pas une utopie,
c'est le prochain modèle économique de l'humanité ! ».
Jérémy Rifkin
(Essayiste Américain, spécialiste de prospective)

Le revenu de base est une solution envisagée pour pallier la diminution certaine des emplois humains. Revenu de base, revenu d'existence, allocation universelle… tous ces termes correspondent à la même chose, c'est-à-dire à un revenu qui lorsqu'il est universel est distribué à tout le monde de manière inconditionnelle et cumulable avec d'autres revenus.

UNE HISTOIRE ANCIENNE

L'idée est ancienne. Milton Friedman, économiste du XXe siècle, et d'autres économistes néo-classiques ont émis l'idée d'un revenu de base, avec comme objectif de maintenir le moteur de la consommation et de la croissance.

Marx voyait un revenu socialisé universel face à un monde où seules les machines créeraient de la richesse. Par ailleurs le revenu universel permet de consommer, d'alimenter la machine de la croissance pour améliorer le monde.

LE FINANCEMENT DU REVENU DE BASE

L'écueil principal du revenu de base, *à fortiori* s'il est universel, est son financement. Pour financer tout ou partie du revenu de base, une possibilité est de valoriser le travail effectué par des êtres numériques, d'évaluer les revenus de ce travail et d'appliquer un impôt sur ce revenu comme c'est le cas pour les emplois humains.

Plusieurs pays européens (Allemagne, Belgique, Espagne), la Suisse, des organisations européennes et mondiales ont déjà étudié la possibilité de distribuer un revenu de base, la Finlande l'a expérimenté en 2017 pour une durée de deux ans sur une population de 2000 chômeurs tirés au sort. Alors que ce projet devait durer deux ans jusqu'à fin 2019, le gouvernement Finlandais ne l'a pas étendu aux non chômeurs en 2018, et le projet a pris fin en janvier 2019 pour des raisons constitutionnelles et budgétaires. En 1982, grâce aux revenus tirés de l'extraction du pétrole et du gaz, l'Alaska a instauré un revenu annuel versé à tous les résidents installés depuis plus de cinq ans dans l'Etat américain. En 2017, en Ontario, province canadienne, un projet pilote devrait assurer pendant trois ans « un revenu de base » pendant trois ans à 4 000 personnes vivant actuellement sous le seuil de pauvreté. En France, l'association le mouvement français pour un revenu de base ainsi que plusieurs hommes politiques militent pour un revenu de base. En juin 2018, avec comme objectif de lutter contre la pauvreté, treize départements français s'appuient sur les propositions de la Fondation Jean Jaurès et de l'Institut des politiques Publiques (IPP) pour expérimenter et organiser en 2019 une forme de revenu de base sans toutefois l'ambition d'un revenu de base universel, inconditionnel et individuel. Le dernier gouvernement Italien va instaurer le revenu de citoyenneté pour relancer la consommation des ménages. Ce revenu s'élève à 780 € par mois, il concerne ceux qui vivent sous le seuil de pauvreté, ce n'est pas un revenu minimum universel car il est versé s'il y a lieu en complément de revenus déjà perçus qui viennent en déduction de cette somme et il est conditionné pour son obtention par un seuil de patrimoine immobilier, la possession d'un véhicule de grosse cylindrée et la recherche d'emploi avec le risque d'être supprimé en cas de refus de plusieurs offres d'emploi.

UNE OISIVETÉ ENRICHISSANTE

Le livret « l'éloge de l'oisiveté de Bertrand Russell » a été publié en 1932 et il est curieusement très actuel. B. Russel observe que l'être humain porte un culte non raisonnable du travail qui l'amène à travailler toujours plus, ce à quoi il faudrait mettre un terme. Il énonce deux arguments pour soutenir sa thèse, le premier est que la valeur du travail est un préjugé moral des classes privilégiées qui estiment que l'absence d'activité conduirait la plupart des hommes, surtout ceux des classes les plus pauvres, au désœuvrement et à la dépravation. En conséquence, il serait dans l'intérêt des hommes d'être exploités. Le second est que la production industrielle est aujourd'hui suffisante pour assurer, avec un minimum de travail, les besoins de tous les êtres humains. Il va de soi que le second argument est conforté par les effets sur le travail humain de la révolution numérique inconnue de B. Russell à son époque. Il préconise en conséquence une oisiveté. Ce loisir serait consacré à toutes les formes de cultures (des plus populaires aux plus intellectuelles) dont la pratique serait encouragée par une éducation libérée.

REFONDER L'ÉDUCATION

Ce n'est pas en distribuant des tablettes dans les écoles que va s'améliorer le niveau des élèves. C'est de l'éducation numérique basée sur l'usage. Avant de maîtriser le langage informatique, il est essentiel que l'être humain sache utiliser un langage pour lire, écrire et calculer. Cet enseignement doit débuter au cours préparatoire.

D'autre part pour affronter les changements et évolutions que l'ère numérique prépare, les programmes éducatifs vont devoir rendre capables les élèves à « apprendre à apprendre » toute leur vie et à être capables de s'adapter en permanence aux changements dus à des arrivées fréquentes d'innovations qui se mettent en place rapidement.

Des référentiels sur l'éducation numérique se mettent en place dans les établissements d'enseignement, mais ils sont encore embryonnaires. Confrontés aux algorithmes qui sont des boîtes noires, l'éducation numérique doit permettre de comprendre ce qui se passe.

LA FORMATION OBLIGATOIRE

Avec les changements rapides qui vont se traduire par la disparition de nombreux emplois, l'être humain qui ne pourra pas s'adapter avec ses compétences aux changements va être confronté à des périodes d'inactivité fréquentes. Dans ces périodes, il devra se former pour permettre son retour à une nouvelle activité professionnelle encore pourvoyeuse d'emplois humains. Ces périodes de formation devraient devenir obligatoires pour éviter le désœuvrement, la désocialisation et la perte de confiance en soi dans les périodes d'inactivité.

CONCLUSION DE L'ENVIRONNEMENT NUMÉRIQUE

La transformation numérique est en marche, l'environnement numérique s'installe jour après jour un peu plus davantage. Aucun domaine n'est épargné. Les emplois dans l'agriculture, l'industrie et les services vont être profondément impactés, la société, les institutions, la vie quotidienne des êtres humains également. L'être humain va ainsi devoir s'adapter et vivre avec un environnement omniprésent et envahissant. Mais cet environnement s'adapte aussi à l'être humain en se rendant indispensable.

L'ÊTRE NUMÉRIQUE

AVÈNEMENT DE L'ÊTRE NUMÉRIQUE

Je crois aux forces de l'esprit
François Mitterand

Je n'exclus pas la possibilité d'un événement
spirituel à l'échelle planétaire
André Malraux

L'avènement de l'être numérique s'inscrit dans la continuité de l'évolution des techniques que l'être humain a conçues pour faciliter et améliorer sa vie. Les évolutions techniques majeures ont fait l'objet de révolutions industrielles. A la fin du XXe siècle, la troisième révolution industrielle qui se traduit par le développement des nouvelles techniques de l'information et de a communication a fait entrer le monde dans l'ère du numérique. Les outils issus de cette dernière révolution sont devenus de plus en plus puissants, sophistiqués, ont gagné en autonomie et en compréhension liée à l'apprentissage profond qui est une technique d'intelligence artificielle.

Peut-on encore parler d'outil quand les capacités de l'outil le mettent au niveau de l'être humain et parfois le dépassent grâce à l'intelligence artificielle. Est-ce que l'évènement spirituel à l'échelle planétaire évoqué par A.Malraux se traduirait par les esprits artificiels d'êtres numériques ?

L'ESPÈCE NUMÉRIQUE

L'espèce numérique est faite d'une grande population de composants logiciels et matériels. Ces composants une fois assemblés et intégrés permettent de réaliser des systèmes numériques. Ci-après quelques exemples de tels systèmes :
- un système d'information qui comprend un ensemble d'ordinateurs connectés

entre eux et avec d'autres systèmes, objets, appareils et qui déroulent des algorithmes.

- une machine outil par exemple un robot de peinture ou de soudage sur une chaîne de fabrication de voitures,
- un augmenté-squelette motorisé (exosquelette) ou bien une combinaison robotique qui utilise des techniques issues de la robotique pour conférer à l'être humain des capacités physiques qu'il n'a pas ou qu'il n'a plus,
- un véhicule autonome,
- un smartphone.

En fonction des besoins pour lesquels il a été conçu, un système récupère, traite, analyse, interprète, produit, communique et met en œuvre des informations en agissant sur des appareils pour contribuer à réaliser des tâches concrètes.

Le constat est qu'aujourd'hui l'évolution de l'espèce numérique lui a permis d'atteindre un niveau qui la rapproche de l'espèce humaine. En effet, le très grand nombre d'êtres humains qui développent depuis des dizaines d'années des composants matériels et logiciels qui appartiennent à l'espèce numérique, l'ont dotée de possibilités lui permettant de réaliser au moyen de systèmes dotés d'interfaces avec les humains et d'intelligence artificielle, des activités pour coopérer avec des êtres humains ou se substituer à eux. Ce rapprochement entre l'espèce humaine et l'espèce numérique est une des causes de l'introduction du concept d'être numérique.

SIMPLIFICATION DE LA TERMINOLOGIE

Un des buts d'introduire le terme « *être numérique* » est d'unifier la terminologie utilisée aujourd'hui dans l'univers numérique : ordinateur, machine, robot, intelligence artificielle… lorsqu'on veut caractériser un système numérique avec un niveau élevé de sophistication et d'intelligence artificielle qui le dote d'une sorte de vie artificielle. « Etre numérique » va être le pendant d' « être humain ».

ARRIVÉE DE L'ÊTRE NUMÉRIQUE

Des signes avant-coureurs de similitude entre l'être humain et l'être numérique sont déjà constatés.

EMPRUNTS AU MONDE NUMÉRIQUE OU VIVANT

Parmi des phrases entendues d'hommes politiques, il y a celle-ci : « *il faut changer de logiciel* ». Le but étant de remplacer face à une situation donnée un mode de pensée considéré comme périmé pour lui en substituer un autre. C'est ce qui s'appelle en politique ou en numérique, changer de programme.

Un autre emprunt, cette fois au monde du vivant, sont les algorithmes. Sous leur forme numérique, ce sont des listes d'instructions à exécuter pour résoudre un problème. L'écrivain Yuval Harari pense que « les êtres humains sont tous des algorithmes *!* ». On ne peut constater que depuis plusieurs dizaines d'années, la biologie (science du vivant) et l'algorithmique se côtoient régulièrement. Les algorithmes sont devenus incontournables pour étudier la complexité du vivant. De plus en plus, des algorithmes du monde numérique imitent le comportement humain : apprentissage, analyse de situation, prise de décision… Cette similitude peut nous faire penser au modèle mécaniste de René Descartes (mathématicien, physicien et philosophe français du XVIIe siècle), dans lequel l'Homme est considéré comme étant ni plus ni moins qu'une machine. Est ce qu'au XXIe siècle, une machine intelligente appelée être numérique peut être considérée sous certains aspects comme un être humain ?

DES PREUVES HUMAINES À FOURNIR

Quand un être humain se connecte à un site internet à partir d'un ordinateur, tablette, smartphone, le site demande parfois à l'utilisateur humain de rentrer au clavier des symboles affichés dans une image ou de faire une opération simple de calcul. Cette opération s'appelle CAPTCHA (*Completely Automated Public Turing test to Tell Computers and Humans Apart*). Elle permet de prouver que celui qui se connecte est un être humain et non un logiciel. C'est une manière pour le site de lever une ambigüité entre un être humain et un être numérique.

DES RESPONSABILITÉS QUASI HUMAINES

En février 2017, le parlement Européen a adopté une résolution pour envisager la création d'une personnalité juridique spécifique aux robots les plus évolués afin qu'ils puissent être considérés comme des personnes électroniques responsables tenues de réparer tout dommage causé à un tiers. On constate une similitude concernant la responsabilité d'êtres humains et non humains.

UNE SUBSTITUTION À L'ÊTRE HUMAIN

Cette substitution est déjà visible dans des travaux occupés par des êtres humains qui sont déjà ou qui vont être effectués par des automatismes.

Dès 1998, la ligne 14 du métro parisien a été complètement automatisée et fonctionne sans conducteur humain.

Dans des usines, des robots industriels se substituent à des êtres humains pour de nombreuses tâches. Le concept d'être numérique pour de tels robots permet de faire une correspondance avec des êtres humains pour les fonctions remplies.

Dans des magasins libres-services, le personnel de caisse est de plus en plus remplacé par des caisses automatiques qui effectuent les opérations de comptabilisation des achats et de paiement. Seule subsiste une supervision humaine de plusieurs caisses automatiques pour apporter une assistance aux clients.

Des véhicules autonomes sont depuis 2015 en cours de test. Google, Apple ainsi que de nombreux constructeurs de véhicules automobiles (Mercedes, Renault, Tesla, Toyota, Volvo... travaillent aujourd'hui sur les véhicules autonomes. La société Navya expérimente à Lyon un véhicule de transport collectif 100% électrique et autonome navy arma. Cette navette intelligente complètement automatisée transporte jusqu'à 15 personnes et roule jusqu'à 45km/h en toute sécurité. Le marché de la voiture autonome pourrait représenter plus de 500 milliards d'euros à l'horizon 2035, selon une étude récente du cabinet de consultants AT Kearney. L'administration américaine a donné son approbation à la Google Car. Le NHTSA (National Highway Traffic Safety Administration) a annoncé vouloir changer sa règlementation afin de considérer les ordinateurs des voitures autonomes comme des conducteurs. Un bond en avant considérable pour Google et les autres fabricants de voitures autonomes. C'est un premier élément de réponse à la question sur le fait de savoir qui serait responsable en cas d'accident : c'est l'ordinateur de bord chargé du pilotage automatique lui-même qui sera considéré comme le chauffeur de la voiture et non pas les occupants du véhicule.

COHABITATION OU REMPLACEMENT

De plus en plus, dans de nombreuses activités, les êtres humains vont être confrontés à une cohabitation ou à leur remplacement par du logiciel et du matériel sous diverses formes. Le concept d'être numérique (E.N.) va faciliter un état de fait qui semble inéluctable. Un des enjeux va être de se questionner sur les changements à venir dans les relations sociales affectant les êtres humains, en particulier l'emploi. Lors du Forum économique mondial de Davos qui s'est tenu le mercredi 20 janvier 2016, le centre de recherche de cette organisation a présenté un rapport portant sur une enquête « the future jobs ». Cette enquête a été conduite auprès des quinze premières économies mondiales, dont la France, qui représentaient 65 % de la main d'œuvre mondiale. L'enquête a fait apparaître que la robotisation croissante, mais plus globalement l'intelligence artificielle et l'automatisation, auront un impact très négatif sur le marché du travail.

DÉFINITION D'UN ÊTRE NUMÉRIQUE

C'est un système fonctionnel qui « est ce qu'il fait ». Mais à partir de quel moment peut-on parler d'être numérique ? Un être numérique intègre des fonctions dotées d'intelligence artificielle plus ou moins développées qui lui permettent de réaliser comme un être humain des activités bien définies en étant capable de les réaliser en pleine autonomie, en coopération ou sous le contrôle et la supervision d'êtres humains. L'être numérique a des analogies avec l'être humain : appartenance à une espèce, un être humain appartient à l'espèce humaine, un être numérique appartient à l'espèce numérique. L'être humain est composé d'un esprit qui est immatériel et d'un corps physique. L'être numérique est un système. Il comprend une partie immatérielle, son esprit, qui est artificiel, composé de logiciels et un corps sous la forme de matériels interconnectés qui vont être pilotés par les logiciels. Etres humains et êtres numériques sont tous les deux composés de systèmes fonctionnels. Pour aller plus loin dans la définition d'un être numérique, analysons de plus près ses constituants et ses différences avec l'être humain.

LES CONSTITUANTS

Un être numérique est composé de plusieurs systèmes fonctionnels. Un système est un ensemble de composants logiciels et matériels qui remplissent des fonctions pour rendre des services. Un système peut se décomposer en sous-systèmes. Des exemples de systèmes fonctionnels sont : le système d'alimentation qui fournit l'énergie électrique nécessaire à « la vie » de l'être numérique, le système de traitement de l'information qui déroule les algorithmes, le système de stockage, le système de communications, des systèmes de gestion d'appareils, des systèmes applicatifs... Prenons l'exemple d'un être numérique dont la fonction principale est la vidéo surveillance. Il comprend des systèmes sensoriels composés d'un réseau de caméras, de microphones pour détecter des bruits anormaux, de détecteurs de mouvement, de détecteurs d'intrusion, un système audio pour déclencher des alarmes, un système de stockage pour enregistrer les vidéos, un système vidéo pour afficher sur des écrans ce que voient les caméras en temps réel ou revoir des enregistrements, un système de communication pour l'interconnexion des caméras, un système de visualisation pour les exploitants dans un centre de surveillance, des liaisons avec un centre de surveillance et un ou plusieurs centres d'interventions pour signaler des évènements comme des sons anormaux, un système d'information pour analyser les enregistrements pour la reconnaissance faciale.

L'EXPLOITATION DES RESSOURCES

L'être numérique exploite via des algorithmes réalisés avec des programmes logiciels, les ressources fournies par les matériels informatiques qu'il utilise dans les domaines suivants : des traitements, des mémoires, du stockage, des communications, des appareils.

Le traitement est réalisé par un ou plusieurs processeurs qui exécutent les

instructions de programmes. Les processeurs possèdent un ou plusieurs cœurs qui exécutent les instructions de manière séquentielle avec plusieurs niveaux de simultanéité (le niveau de simultanéité correspond au nombre de cœurs). Ainsi un processeur qui dispose de huit cœurs (ce type de processeur équipe les dernières générations de smartphones) peut exécuter huit instructions de différents programmes simultanément. D'autres techniques permettent d'augmenter la puissance de traitement des ordinateurs :
- multiprocesseurs symétriques. Les plus courants comprennent plusieurs processeurs qui partagent une mémoire unique. Ils amplifient la puissance de calcul en se répartissant les tâches de traitement. Ils constituent une forme d'architecture dite parallèle.
- les ordinateurs en grappe consistent en plusieurs ordinateurs interconnectés par un réseau à très haut débit qui vont apparaître comme un ordinateur unique ayant plus de performances (puissance processeur, dimension de l'espace de stockage, quantité de mémoire vive…) et plus de résilience. Il faut souligner que les logiciels peuvent être impactés par ces types d'architecture pour tirer partie au mieux de la puissance de traitement. La mémoire sert à stocker les instructions et les données manipulées lors des traitements.
Le stockage est réalisé par des systèmes de stockage de masse composés de disques durs traditionnels basés sur des éléments mécaniques qui sont des plateaux tournants (HDD) ou qui sont à base de mémoire flash (SSD) sans éléments mécaniques.
Les communications s'effectuent sur les réseaux de communication locaux et longue distance.
La couverture des réseaux interconnectés par internet est à une échelle planétaire.
Une grande variété d'appareils font passer du monde réel au monde numérique virtuel et vice-versa, par exemple des écrans, des claviers, des imprimantes, des scanners, des micros, des appareils audio, des objets connectés.
Dans un système informatique, les logiciels sont de plusieurs types : les logiciels système qui pilotent le matériel, les intergiciels (middleware) qui sont des logiciels intermédiaires entre les logiciels système et les logiciels des applications et les logiciels des applications métier. Les logiciels propres à un être informatique sont de type logiciel métier. Le métier correspondant aux problèmes qu'un être traiter, par exemple un logiciel de voiture autonome.

DIFFÉRENCES ENTRE ÊTRE HUMAIN ET ÊTRE NUMÉRIQUE

DES CONFIGURATIONS PHYSIQUES HÉTÉROGÈNES

Un être humain est composé de plusieurs systèmes fonctionnels majeurs : squelettique, musculaire, circulatoire, nerveux, respiratoire, digestif, urinaire, endocrine, reproducteur et lymphatique qui sont propres à l'espèce humaine. De son côté un être numérique comprend les systèmes fonctionnels suivants : alimentation en énergie, traitement de l'information, mémoire, stockage, communication, matériels... Ces systèmes fonctionnels ont des réalisations très différentes bien que présentant des similitudes fonctionnelles. Par contre un être numérique se différencie de l'être humain sur les points suivants :
- une grande variété de configurations possibles par exemple un système d'information comprenant plusieurs matériels/logiciels connectés, une application qui s'exécute sur un serveur, un logiciel embarqué dans une machine : robot industriel, voiture autonome, smartphone...),
- des plages de puissance et des niveaux de complexité très élevés,
- une intelligence spécialisée par opposition à celle d'un être humain, qui est généraliste.
- une supériorité à l'être humain constatée en termes de possibilités et de performances dans des domaines où l'intelligence artificielle a été mise en œuvre comme par exemple la reconnaissance faciale.

DES ÉVOLUTIONS RAPIDES ET SANS LIMITES

L'évolution physique et mentale de l'être humain s'étale sur des centaines de milliers d'années et est très lente par rapport aux techniques utilisées par l'être numérique qui font appel à de nombreuses sciences : mathématiques, électronique, traitement de l'information, robotique, mécanique, communications. Les récentes évolutions des techniques numériques se caractérisent par plus de puissance et plus de rapidité pour analyser de très gros volumes de données, les stocker et pouvoir communiquer au niveau planétaire. Ces évolutions sont la cause d'innovations qui tirent partie de ces possibilités comme les applications d'intelligence artificielle. Ainsi, les applications numériques s'insinuent insidieusement dans la vie des êtres humains sous différentes formes et prennent de plus en plus de place et de temps dans leur vie. Cette accumulation de connaissances, de savoir et de savoir-faire dans les mémoires des systèmes informatiques qui s'expriment par des algorithmes dans des systèmes avec des capacités de traitement infatigables met les systèmes informatiques en compétition avec l'être humain. Ils les talonnent dans la reconnaissance vocale et les surpassent dans plusieurs domaines (le calcul, l'analyse de données, l'acuité, la détection d'objets, les jeux...). Ce qui est notable c'est que personne ne peut prévoir aujourd'hui les limites des possibilités à venir des êtres numériques. En effet les techniques utilisées aussi bien dans les domaines du logiciel et du matériel sont en nette évolution et des barrières techniques comme l'annonce de la fin de validité de la loi de Moore énoncée vers 1970 : *la* puissance des circuits intégrés qui composent les processeurs double, à coût constant, tous les dix-huit mois, devenue pour des raisons physiques hors de portée pour les constructeurs de circuits intégrés, ne freine pas pour autant la course à la puissance car de nouvelles solutions ont été trouvées : processeurs multi-cœurs, multi-processeurs, grappes de processeurs, augmentation des performances par des temps d'accès mémoire plus rapides…

FAIBLE COUPLAGE ENTRE L'ESPRIT ET LE CORPS

Contrairement à un être humain dont l'esprit est indissociable et fortement couplé à son corps (enfin pour l'instant en effet, en novembre 2017, la première greffe de tête d'un donneur mort sur un receveur mort a été réalisée en Chine par l'équipe des neurochirurgiens Xiaoping Ren et Sergio Canavero, un pas vers l'objectif de transplanter la tête d'un humain, vivant cette fois sur le corps d'un autre.), un être numérique a un esprit composé de ressources logicielles faiblement couplées à ce qui lui sert de corps. Son corps consiste en un ensemble de ressources matérielles qu'il exploite dans le cadre de ses activités. Peu importe que les ressources aussi bien logicielles que matérielles soient situées dans un ou plusieurs matériels connectés situés dans un même endroit ou en différents endroits. Il peut même y avoir une complète indépendance entre un logiciel et un matériel qui l'exécute c'est-à-dire une totale dissociation. Cette propriété d'un être numérique d'avoir un esprit et un corps dissociables tient au fait que les programmes qui constituent les esprits numériques d'êtres numériques et qui sont du domaine des applications informatiques peuvent être rendus indépendants des matériels qui les supportent. Comment cela est il possible ?

Des piles de logiciels sont situées au-dessus des matériels informatiques qui apportent les ressources qui vont être exploitées par le logiciel. En bas de la pile, les logiciels de bas niveau gèrent les ressources matérielles. Ces logiciels sont appelés logiciels systèmes ou encore systèmes d'exploitation, ils interagissent avec les matériels informatiques. Au-dessus des logiciels système, on trouve du logiciel intermédiaire appelé intergiciel (middleware). Ce type de logiciel permet aux logiciels des applications de se consacrer à leurs préoccupations métier tout en leur permettant de faire abstraction des spécificités des systèmes d'exploitation. Enfin au niveau supérieur, se trouvent les logiciels des applications. L'être numérique va se situer dans le logiciel de type application. Dans les catégories de logiciels, on distingue les logiciels standards et les logiciels propriétaires. Il y a la même distinction pour les matériels. Un logiciel propriétaire va s'exécuter sur un matériel propriétaire ; c'est un moyen pour certains éditeurs de logiciels et de matériels propriétaires de se protéger de la concurrence.

Il n'y a pas non plus correspondance un pour un entre un esprit et un corps comme pour l'être humain. Plusieurs êtres numériques peuvent utiliser le même matériel, ou bien un être numérique peut utiliser plusieurs matériels. De plus un être numérique peut utiliser une machine virtuelle qui simule un matériel physique et qui est supportée avec plusieurs autres par un seul matériel physique.

UN DÉVELOPPEMENT ACCÉLÉRÉ

Un être humain se développe selon un cycle éducatif. Ce cycle comprend des troncs communs (primaire, secondaire, supérieur) et des spécialisations. Il peut être prolongé dans la vie professionnelle par des formations. Il y a peu de degrés de liberté pour accélérer les étapes et le résultat dépend de chacun : études courtes ou longues, sans diplômes, diplômés.

A sa différence, on peut assimiler l'éducation d'un être numérique aux algorithmes qui lui sont affectés sous la forme de programmes (logiciels) développés par des êtres humains. Plusieurs centaines ou milliers d'êtres humains peuvent contribuer à un algorithme complexe. Il y a donc un effet de masse qui raccourcit « l'éducation » d'un être numérique sans oublier les nouvelles possibilités d'apprentissage en profondeur que va permettre l'intelligence artificielle et qui consistent à enrichir des algorithmes sans programmation. Plusieurs techniques existent pour accélérer le développement des programmes logiciels qui vont constituer des algorithmes :

- utilisation de standards matériels et logiciels (systèmes d'exploitation) de l'industrie qui garantissent une meilleure pérennité aux investissements logiciels car ces standards évoluent en garantissant souvent une compatibilité ascendante.

- lors de la réalisation par programmation des algorithmes d'un être numérique, les programmeurs, s'ils en ont le choix et la possibilité, ont intérêt à utiliser un langage informatique qui rend le code exécutable sur plusieurs types de matériels et de systèmes d'exploitation. Pour cela, le langage informatique doit disposer d'une machine virtuelle du langage, par exemple une machine virtuelle Java qui doit avoir été portée sur le matériel et son environnement cibles (système d'exploitation, intergiciel). Le portage d'un logiciel étant l'ensemble des adaptations à apporter à des programmes pour leur permettre de s'exécuter sur le système d'exploitation d'un matériel donné.

- adoption d'une architecture orientée services ou micro-services qui facilite les évolutions et la réutilisation de services. Une architecture orientée services, *Service Oriented Architecture (SOA)* est une architecture logicielle s'appuyant sur un ensemble de services simples résultant de la décomposition de fonctions à réaliser. Une architecture micro-service est une méthode de développement d'applications logicielles sous la forme de services modulables et indépendants. Chaque service exécute un processus unique et communique à travers un mécanisme léger et bien défini pour atteindre un objectif fonctionnel.

COMPLEXITÉ VERSUS SIMPLICITÉ

"Comme il est difficile d'être simple"
Vincent Van Gogh

L'être humain est une machine chimique complexe. Le corps d'un être humain fait l'objet de transformations importantes depuis sa naissance jusqu'à sa mort. Il a des besoins et exigences qui varient tout au long de sa vie : alimentation, habillement, hygiène, soins, éducation, sommeil, repos, transport, divertissements, travail... Tous ces besoins et exigences consomment du temps et des ressources. Selon l'organisation de coopération et de développement économique, un être humain consacre 26 ans de sa vie à dormir et 11,5 années à travailler selon des statistiques gouvernementales

L'être numérique est beaucoup plus simple, il a beaucoup moins de besoins et d'exigences. Quand son logiciel avec ses algorithmes est actif et exécuté par du matériel alimenté en énergie électrique, il peut être opérationnel 24h sur 24 tous les jours d'une année sans autres besoins que de sécurité, de maintenance, de mises à jour, de migration éventuelle sur de nouveaux matériels plus puissants ou de secours.

LES DROITS

L'espèce humaine s'est dotée de droits pour la protection des personnes physiques. Des initiatives d'étendre ces droits à l'espèce non humaine comme les animaux qui seraient considérés comme des personnes légales se font jour dans plusieurs pays. Les droits des êtres numériques qui vont de plus en plus s'immiscer dans la vie des êtres humains et prendre une place dans la société de plus en plus grande, est à l'ordre du jour. C'est l'objet de plusieurs projets comme ceux de la convention sur la roboéthique 2025 de l'Union Européenne en 2006, ou encore celui de la charte éthique des robots de la Corée du Sud de 2007, devenant ainsi la première charte robotique du monde.

LA VIE APRÈS LA MORT

Ce qui donne la vie à l'esprit d'un être humain et au logiciel d'un être numérique, c'est-à-dire ce qui leur permet d'être, c'est respectivement le corps et le matériel qui les supportent, sauf que si la mort du corps d'un être humain y compris son cerveau (siège de l'esprit) est irrémédiable pour son esprit, le logiciel qui fonctionnait sur un matériel devenu inutilisable peut être transféré sur un autre matériel compatible opérationnel, ce transfert peut s'effectuer automatiquement en cas de présence de services de résilience. Ceci étant il peut arriver qu'un logiciel soit perdu, code et documentation, ce qui est très rare compte tenu des procédures de sauvegarde bien établies dans les centres informatiques et chez les particuliers.

LES FORCES

Chez un être humain, l'esprit, immatériel, possède la force de l'esprit, et son corps la force physique. Par analogie, chez un être numérique, le logiciel a une force similaire à l'esprit, apportée par des algorithmes et le matériel a une force physique sous forme de puissance de traitement, de capacités de mémoire/stockage de gros volumes de données et de communication d'informations à très haut débit.

PROPRIÉTÉS DES ÊTRES NUMÉRIQUES

LA TRANSPORTATION

Un être numérique peut se transporter sur des réseaux de communication si son esprit, c'est-à-dire son logiciel, peut être transféré sur un autre matériel compatible. La compatibilité minimum est la capacité du matériel hébergeur à supporter le logiciel de l'être numérique, cette compatibilité pouvant être maximale si le matériel hébergeur a les mêmes capacités de communication avec l'environnement matériel/logiciel de celui d'origine.

L'ÉCOUTE D'ÉVÈNEMENTS

Un être numérique peut être à l'écoute d'évènements qui vont influencer en temps réel son comportement. Les sources d'évènements sont multiples :
- des commandes entrées par un être humain à partir d'un organe de saisie (clavier, microphone…),
- des informations en provenance d'un objet connecté grâce à un capteur ou une sonde,
- un délai qui arrive à échéance,
- des informations envoyées par d'autres systèmes via des réseaux de communication.
Les évènements sont générés par des objets connectés (sondes, capteurs, appareils divers…) et acheminés via des réseaux à des systèmes informatiques. Les possibilités de récupération d'évènements et leur traitement en temps réel à grande échelle dépassent les capacités d'un être humain.

L'IDENTITÉ D'UN ÊTRE NUMÉRIQUE

Un être numérique comme un être humain devra être doté d'une identité qui lui est personnelle. Une technique d'identification préconisée pour les entités communicantes comme les êtres numériques, mais aussi tout être vivant et tout objet est de leur allouer une adresse internet IPv6 unique. En effet, une adresse IPv6 (adresse Internet version 6) comprend 128 bits, soit 64 octets, ce qui permet de disposer d'un espace d'adressage de 3,4 x 1038 adresses. Cela équivaut à un nombre d'adresses illimité puisque pour saturer l'espace d'adressage, il faudrait placer plus de 667 millions de milliards d'appareils connectés à internet sur chaque millimètre carré de la surface terrestre.

LES MALADIES D'UN ÊTRE NUMÉRIQUE

Un être numérique peut faire l'objet de différentes attaques qui compromettent sa sécurité (intégrité, et confidentialité d'informations critiques) et être victime de maladies qu'il peut contracter via des virus, des infections (malware), des chevaux de Troie, des rançongiciels qui se traduisent par des dysfonctionnements comme l'impossibilité d'accès à des fichiers. Il est indispensable qu'ils soient protégés par des mécanismes de sécurité logiciels et matériels (pare-feux (*firewall*), anti-virus, anti-spyware, systèmes d'authentification, de chiffrement, de détection d'intrusions...). Les cyberattaques se multiplient, une des plus importantes a eu lieu le 12 juin 2017. Ce jour là, en exploitant une faille du système d'exploitation Windows, une cyberattaque massive a paralysé des dizaines de milliers d'ordinateurs, dans plus de cent pays. Des hôpitaux, des usines ont vu leur activité sérieusement perturbée. Les ordinateurs ont été infectés par un logiciel malveillant de type rançongiciel, bloquant leur utilisation par l'impossibilité d'accéder à leurs fichiers car chiffrés par le logiciel malveillant. Le paiement d'une rançon payable uniquement en *bitcoin* était exigé sous peine d'effacement des contenus des fichiers. Les ministres du G7 alors en réunion ont publié le texte suivant : « Nous reconnaissons que les cyberincidents représentent une menace croissante pour nos économies et qu'une politique de réponses appropriées pour l'ensemble de l'économie est nécessaire ». Ce risque devrait être contrecarré par l'élaboration d'une stratégie internationale de prévention, mais il suscite aussi l'intérêt des compagnies d'assurance qui réfléchissent à proposer des contrats concernant les cyberattaques.

LES CAPACITÉS D'UN ÊTRE NUMÉRIQUE

Les capacités d'un être numérique sont fonction des processus, des algorithmes et des matériels utilisés. Au cours de sa vie, l'être numérique peut être amélioré et enrichi par de nouveaux processus, de nouveaux algorithmes et de nouveaux matériels. Il a par conséquent des possibilités d'évolution rapides et importantes sans commune mesure avec celles d'un être humain.

LOGICIELS D'UN ÊTRE NUMÉRIQUE

Les logiciels des êtres numériques appartiennent à plusieurs catégories. Les logiciels système gèrent le matériel qui supporte le logiciel. Au-dessus des logiciels système, les logiciels intermédiaires, encore appelés intergiciels (middleware) supportent les applications métier qui s'exécutent. Les applications qui déroulent des algorithmes traitent des évènements, analysent des données transmises d'autres systèmes, d'appareils, d'objets connectés. Elles prennent des décisions qui peuvent se traduire par des actions, par exemple agir sur des appareils, des objets connectés.

L'ÊTRE NUMÉRIQUE EST IL DOTÉ DE COGNITION ?

La cognition est un processus par lequel un être, par exemple un être numérique pourrait acquérir la conscience des événements et des objets de son environnement. Si un être numérique est connecté à des objets constituant son environnement qui sont à même de générer des évènements avec des informations, l'être numérique va déclencher des processus avec des algorithmes qui lui en font prendre conscience et qui lui font enrichir ses données, déclencher éventuellement des analyses de ces données et prendre des actions. Les algorithmes peuvent être différents d'un être numérique à un autre selon la programmation des algorithmes et du type d'objets connectés. Cette forme de cognition des êtres numériques peut ainsi être variée. Ce qui est d'ailleurs également le cas de la cognition des êtres humains.

PRÉVISIBILITÉ D'UN ÊTRE NUMÉRIQUE

Si un être humain eut être imprévisible, un être numérique ne dévie pas de la logique de ses algorithmes, on peut considérer qu'il est prévisible. Si par contre il est devant un cas non prévu ou s'il y a une erreur de programmation, le comportement d'un être numérique peut devenir erratique mais cette situation exceptionnelle n'est pas comparable au caractère imprévisible d'un être humain beaucoup plus fréquent, car la situation erratique d'un être numérique devant un cas non prévu ou une erreur de programmation peut être définitivement corrigée.

VIE ET MORT D'UN ÊTRE NUMÉRIQUE

Les logiciels d'un être numérique sont dotés de cycles de vie qui désignent toutes les étapes de leur développement depuis leur conception jusqu'à leur disparition dans tout espace de stockage y compris leur documentation. Cette disparition ne peut être que voulue car elle peut être évitée en réalisant des copies des logiciels et de leur documentation (sauvegardes).

Au cours de sa vie, un logiciel peut s'interrompre ou avoir un comportement anormal si le matériel qui le supporte tombe en panne, si le logiciel tombe sur une erreur de programmation ou si un virus s'y est introduit et perturbe le fonctionnement. L'informatique a été confrontée depuis longtemps à ces types d'incidents et des solutions de résilience existent. Des techniques de haute disponibilité matérielle assurent une continuité des traitements qui rendent une panne de matériel transparente. Dans le domaine du logiciel il existe des applications de surveillance capables de détecter et de corriger certaines pannes logicielles. Sinon, des corrections manuelles seront apportées après analyse de rapports d'erreurs. Après réparation du logiciel ou du matériel défectueux, la situation normale de fonctionnement sera rétablie. Un autre problème auquel l'informatique a été confrontée souvent, est l'évolution technique des matériels ou l'arrivée de nouveaux matériels. Ce problème est minimisé par le souci de compatibilité ascendante, mais il arrive que des modifications logicielles ou des portages de logiciels soient nécessaires. Ainsi, contrairement à l'être humain qui sait qu'il est condamné à disparaître un jour, l'être numérique n'a pas de mort naturelle ou accidentelle irrémédiable, il a une certaine forme d'immortalité.

L'ÊTRE NUMÉRIQUE

REPRODUCTION DES ÊTRES NUMÉRIQUES

Un être numérique peut être cloné ou dérivé d'un autre être numérique dont il va hériter des logiciels et de ses matériels ou de matériels similaires.

LES SENS D'UN ÊTRE NUMÉRIQUE

Un être numérique peut disposer d'appareils lui permettant de voir (caméra), d'écouter (microphone), d'émettre des sons (haut-parleurs), de parler (synthèse vocale, technique informatique de synthèse sonore permettant de créer de la parole artificielle à partir de n'importe quel texte.), de détecter à l'aide de capteurs et de sondes, des caractéristiques et des modifications d'environnements proches ou distants, uniques ou multiples comme la température, la présence, le mouvement, le taux d'humidité, le goût (langue électronique), les odeurs (nez électronique, les obstacles (radar). Les informations transmises par les appareils de détection sont numériques, elles seront analysées et traitées en temps réel ou différé par le système d'information de l'être numérique, puis stockées et communiquées. Ces possibilités donnent une pérennité aux informations acquises, permettent des traitements et des restitutions différées (statistiques, corrélations,…) sans commune mesure avec les possibilités d'un être humain.

EXEMPLES D'ÊTRES NUMÉRIQUES

Les exemples suivants ne sont pas exhaustifs :

- accompagnateur de personnes âgées
Confronté à une population vieillissante et à la pénurie de personnel soignant dans de nombreux pays, de plus en plus de robots dotés d'intelligence artificielle sont en service ou en cours de développement pour faciliter le maintien à domicile et rompre l'isolement de personnes âgées ou pour les accompagner en établissement d'accueil. Le robot « Mobiro » de Toyota aide les personnes à mobilité réduite à se déplacer. Les robots « Ifbot » et « Matilda », déjà commercialisés, peuvent tenir une conversation. Le robot « Paro » vient en aide aux patients souffrant de troubles du comportement et de la communication. Plus de 100 établissements de santé l'ont déjà adopté. Le robot « Nao » a comme fonctions

d'être interactif et de tenir compagnie. Le robot « Romeo » développé par la société SoftBank Robotics assiste les personnes âgées en perte d'autonomie et dispose de fonctions de surveillance non intrusive qui ne dérangent pas la personne âgée, tout en veillant sur elle en cas d'incident. Cette liste est loin d'être exhaustive. Sur ce marché en pleine explosion, les robots de surveillance/accompagnement constituent de réelles solutions techniques qui s'imposent de plus en plus.

- agriculture
L'agriculture est un des domaines en pointe pour l'utilisation du numérique :
- dématérialisation des passeports des animaux d'élevage, boucles d'identification électronique (puces RFID),
- site e-commerce pour les agriculteurs comme le site agriconomie.com spécialisé dans la vente d'engrais, de semences, de matériel agricole et de services (financement, conseils),
- une gamme de robots afin que les agriculteurs puissent faire face à la nécessité de produire plus et mieux relever leurs défis comme d'être compétitifs tout en respectant l'environnement et l'être humain. Certains robots prennent en compte complètement les tâches à accomplir. Citons parmi les robots : les tracteurs autonomes, la traite automatique, les récoltes, les cueillettes, la tonte des moutons, l'élagage… A une époque où les phytosanitaires comme l'herbicide glyphosate sont contestés, il est intéressant de citer le robot de désherbage Oz commercialisé par la société française Naîo Technologies, qui peut fonctionner tout seul et qui respecte l'environne ment.

- artiste peintre
L'histoire de l'art a connu un tournant majeur avec une première œuvre d'un jeune collectif français (Pierre Fautrel, Hugo Caselles-Dupré et Gauthier Vernier) créée par une intelligence artificielle et qui a été vendue 432 500$ par la maison de vente Christie's New York. Ce collectif utilise les algorithmes du chercheur en apprentissage profond de Ian Goodfellow : *les Generative Adversarial Networks* (GANs). Ce sont des réseaux neuronaux capables de générer des images ultra réalistes. Grâce à cette technique d'intelligence artificielle, le collectif a appris à des réseaux de neurones artificiels à générer des portraits classiques inédits. Cette création est une forme de collaboration entre l'humain et l'intelligence artificielle

d'un être numérique jouant le rôle de peintre et l'on peut objectivement se poser la question suivante : l'être numérique va-t-il bientôt relever le défi d'arriver à supplanter l'être humain dans la création artistique ?

- assistant personnel

L'assistant personnel d'un être humain est un être numérique qui prend en charge de nombreuses préoccupations de l'être humain auquel il est affecté. L'assistant personnel prend en charge des opérations en ligne. Il gère l'agenda, prend des rendez vous (médecin, dentiste,...) réserve des places de spectacles, s'occupe des inscriptions à des organismes, des associations... Il prévient, par des rappels planifiables, quand un évènement va survenir (rendez vous, échéance). Il réalise des opérations de paiement. Parmi les assistants personnels du marché, citons Google Assistant, Cortana de Microsoft, Amazon Alexa, Siri d'Apple. Un exemple récent des fonctions réalisées par un assistant personnel sont celles de traducteur. Google a commercialisé récemment aux Etats Unis des écouteurs (Pixel Buds) d'un nouveau genre. Ils fonctionnent avec le système d'exploitation Androïd 6.0 et s'intègrent avec Google Assistant. Ils sont capables de traduire en quasi temps réel, une conversation, dans pas moins de 40 langues.

- banquier

Déjà très présents en banque de financement et d'investissement, les « robots-algorithmes » ou programmes d'intelligence artificielle envahissent à présent la banque privée et la banque de détail, sous la forme d'assistants de conseillers de clientèle... ou même de conseillers tout court. Les robots dans le domaine de la finance sont aussi considérés comme une protection contre les malversations humaines.

- chirurgien

Utilisée en chirurgie, la robotique permet plus de précision à certains actes médicaux qu'un chirurgien humain. Le robot Smart Tissue Autonomous Robot (STAR) a réussi à recoudre l'intestin d'un porc, l'opération était supervisée par un chirurgien, mais il n'a pas eu à intervenir. Dans la revue américaine Science Translational Medecine, des chercheurs ont estimé que le robot était capable de plus de précision que l'homme. Quel est l'intérêt d'utiliser des robots en chirurgie ? Les robots sont tout simplement plus efficaces qu'un chirurgien dans la mesure où ils ne subissent pas les effets de la fatigue, du tremblement, voire de l'impatience qui caractérisent le comportement de n'importe quel être humain.

- comptable

La profession de comptable est également menacée. Par exemple, une société lyonnaise *Georges.Tec* a conçu le système comptable *Georges* pour professions libérales qui va éviter de faire appel aux services d'un comptable humain ou à utiliser un logiciel de comptabilité complexe. Ce système génère une comptabilité sans aucune saisie manuelle. En moins d'une heure, *Georges* permet de produire une comptabilité annuelle et une déclaration d'impôt. Un gain de temps et une automatisation appréciables par rapport aux outils traditionnels. Le système *Georges* fait appel à des fonctions d'intelligence artificielle.

- conducteurs/pilotes professionnels

Que vont devenir ces emplois quand de nombreux moyens de transport seront autonomes ?

- courtier d'assurance

L'Insurtech (ou sa version française "Assurtech") désigne l'ensemble des startups qui mettent à profit les nouvelles techniques numériques pour partir à l'assaut du secteur de l'assurance. Ces nouveaux services 100% numériques sont basés sur la collecte et l'analyse de données. Ils tirent partie des avancées procurées par l'intelligence artificielle.

+ Simple est un « robot-courtier ». Il simplifie le parcours des professionnels lors de leur souscription à une police d'assurance. La plateforme, dont les locaux sont basés à Marseille et Nancy, a développé un parcours numérique et des solutions dédiées par métiers.

- cuisinier

La société Moley Robotics, a mis au point un prototype de robot cuisinier. Le système est basé sur deux bras robotiques développés par la société Shadow Robot. Ils sont placés sur le plan de travail où sera cuisiné le repas. Le robot a besoin d'une phase d'apprentissage pour réaliser une recette. Cet apprentissage est réalisé par un être humain qui utilise des gants équipés de détecteurs de mouvements. Une fois seul, le robot pourra les reproduire aisément dans les moindres détails.

- dirigeant de conseil d'administration

Un algorithme vient d'être nommé au conseil d'administration d'un fonds de pension de Hong Kong. Si les machines ont déjà amplement pris la place des *traders* sur les marchés, c'est la première fois qu'une intelligence artificielle va les diriger.

C'est logique, au fond. Si, dans les transactions (*trading*) haute fréquence, les machines sont considérées comme plus fiables, rapides et rationnelles que les traders humains pour échanger des milliards de dollars sur les marchés, la place de tels algorithmes en conseil d'administration peut froidement se révéler tout aussi efficace. Deep Knowledge Ventures est un fonds de pension à haut risque, spécialisé dans les investissements dans le domaine de la santé et la biotechnologie. Il faut comprendre, pour être très clair, qu'ils spéculent sur les médicaments, particulièrement contre le cancer, et les maisons de retraites, cliniques privées et traitements personnalisés. Mais selon leurs propres termes, retenus sur leur site pour définir leur activité, ils disent se spécialiser dans la lutte contre les effets du vieillissement et la recherche en médecine régénérative.

VITAL (Validating Investment Tool for Advancing Life Sciences), littéralement outil de validation des investissements dans la science pour les progrès de la vie, est le nom de l'intelligence artificielle promue au conseil d'administration de ce fonds. C'est un algorithme assez classique dans le monde des transactions à haute fréquence. Même si son nom a pour but d'inspirer davantage confiance que celui de ses homologues qui sévissent sur les marchés (Ambush, Cobra, Guerilla, Ninja…). Il fonctionne sur une énorme base de données, ici spécialisée dans le domaine de la santé, comme des rapports financiers, cas cliniques ou encore l'état des brevets, qu'il est capable de croiser en une fraction de seconde. Il peut ainsi réagir bien plus vite qu'aucun humain à chaque nouvelle information. Deux décisions d'investissement auraient ainsi déjà été prises depuis la nomination de l'algorithme à ce poste. VITAL dispose d'une voix au conseil d'administration, tout comme ses cinq collègues humains. Si la machine n'est pas présente physiquement lors des réunions, tous les sujets à l'ordre du jour sont accompagnés de ses rapports, analyses et suggestions.

VITAL devrait petit à petit évoluer. Si pour l'heure, il se contente d'être principalement un gros algorithme d'analyse apte à faire des propositions, des équipes de développeurs de l'entreprise anglaise se concentrent pour le doter de capacités d'apprentissage et le rendre de plus en plus autonome. Le faire évoluer en ce qu'on nomme un algorithme génétique, au fonctionnement inspiré de Darwin. Ce type d'intelligence artificielle est capable de lancer des actions (stimuli) plus ou moins au hasard, permettant de faire évoluer en temps réel ses paramètres. Ceux produisant de bons résultats survivent et se reproduisent, ils mutent lorsque cela est nécessaire. Les autres disparaissent. Ainsi l'algorithme développe sa propre expérience, son propre bagage génétique, pour poursuivre la métaphore. Vital pourrait être à terme tout à fait capable de prendre en main les activités de tout patron, comme la rédaction et la présentation des bilans financiers aux actionnaires, ou de rationaliser à l'extrême la gestion de l'entreprise, et tant pis pour l'humain.

- enseignant

La transformation numérique gagne l'éducation dans plusieurs domaines :
- les équipements utilisés par les enseignants et les élèves (vidéo conférence, tableaux numériques, équipement individuel mobile comme la tablette),
- la formation des enseignants : maîtrise des outils numériques, usages du numérique, culture numérique),
- les ressources pédagogiques : cours en ligne (MOOCS), introduction de sujets numériques dans les cursus scolaires : initiation à la programmation, la robotique…
- l'innovation dans le développement de nouveaux usages du numérique dans le domaine de l'éducation.

Mais cette irruption du numérique dans l'éducatif ne fait pas forcément l'unanimité; de nombreux cadres des sociétés high-tech de la Silicon Valley envoient leurs enfants dans des écoles appliquant une pédagogie classique dans laquelle les nouvelles techniques numériques n'ont pas de place.

Un problème que soulève la transformation numérique concerne les programmes d'enseignement. Faut-il au XXIe siècle rester sur la base de programmes d'enseignement des siècles précédents alors qu'aujourd'hui des êtres numériques apprennent. Ne faut-il pas que les êtres humains apprennent à apprendre puisque le savoir et la connaissance pourront être délivrés par des êtres numériques qu'il suffira d'interroger ?

L'ÊTRE NUMÉRIQUE

Quel rôle pourrait jouer un être numérique dans le domaine de l'éducation : être le référant numérique pour un établissement, un groupe d'établissements. Etre chargé de cours à une population d'avatars images numériques d'élèves humains travaillant à distance.

- fabrication d'objets

L'impression 3D est un processus de fabrication qui construit par couches un objet solide à trois dimensions à partir d'un modèle numérique. L'impression 3D s'est démocratisée, elle est accessible même pour des usages domestiques. Les coûts de fabrication de prototypes, de pièces détachées, de prothèses médicales ou dentaires, de médicaments, et d'autres d'objets sont plus bas et plus accessibles. L'impression 3D s'applique également au vivant (*bio-printing*) avec des imprimantes 3D capables par exemple de fabriquer de la peau humaine. Ce domaine vise à court terme l'industrie du cosmétique pour des essais de produits sur la peau et à moyen terme les soins pour les grands brûlés ainsi qu'une diversification vers d'autres tissus humains de type cardiaque, nerveux ou musculaire. Dans le bâtiment on voit apparaître des imprimantes 3D géantes qui construisent une maison en 24h à des prix compétitifs. MX3D, une start-up basée aux Pays-Bas et spécialisée dans le domaine de l'impression 3D a le projet de construire un pont au-dessus d'un canal.

Les transformations liées à l'impression 3D sont un exemple de transformation numérique qui va dans le sens de faciliter et d'augmenter la productivité pour la création d'objets sans nécessiter de compétences particulières pour les êtres humains qui s'en servent hormis la création de modèles qui peut être effectuée par des sociétés spécialisées qui les commercialisent.

- garde frontière

L'Union européenne, dans le cadre du programme Horizon 2020, finance l'entreprise portugaise Roborder pour le développement de drones autonomes totalement automatisés et dotés d'intelligence artificielle. Dans une phase de test, d'ici à 2020, ces drones vont surveiller les frontières de plusieurs pays européens : celles de la Hongrie, du Portugal et de la Grèce.

- hôtesses

Les hôtesses numériques se déclinent sous plusieurs formes, soit des terminaux interactifs équipés en général d'un écran tactile, d'un logiciel ergonomique et d'une navigation intuitive, soit une interface sur la page d'accueil d'un site par exemple gouvernemental, collectivité territoriale, site marchand. Cette interface permet de répondre, en direct, à vos questions et vous aide dans vos démarches, l'évolution ultime de cet accompagnement consistant en un robot androïde. Ce type d'hôtesse équipe certains grands magasins à Tokyo depuis trois ans. Citons également Sophia, robot au visage humain développé par la société Hanson Robotics située à Hong Kong, qui l'a activé en 2015. Le robot Sophia a été conçu pour tout apprendre en s'habituant au comportement des êtres humains. Sophia peut reconnaitre les visages, il est capable de répondre aux questions et multiplie les interviews. Il s'est vu accorder la citoyenneté Saoudienne en 2017.

- infirmier

Les robots infirmiers ont pour but de décharger le personnel humain infirmier de tâches fastidieuses ou pénibles, le personnel de soin peut se concentrer sur la surveillance et l'accompagnement des patients.

Au Japon, le robot HOSPI de Panasonic (la première version date de 2004), est capable d'aider le personnel des hôpitaux en étant capable d'aller chercher les médicaments et de les apporter aux infirmières à l'heure précise à laquelle ils doivent être pris par les malades. Le dernier modèle HOSPI-R (qui date de 2015) a passé avec succès les tests pour être aux normes en vigueur établies par l'International Safety Organisation (ISO 13482) et il a également obtenu le certificat de niveau 1 du Japan Industrial Standard Committee (JIS). Bénéficiant de son homologation, le robot infirmier de Panasonic va pouvoir être commercialisé dans les nombreux hôpitaux du Japon. HOSPI-R mesure 1,30 m pour 170 kg. Il peut transporter jusqu'à 20 kg de produits, documents et instruments, et ce, pendant environ 9 heures à la vitesse maximale de 3,6 km/h.

- journaliste

Les robots-journalistes ou robots-rédacteurs sont des algorithmes programmés pour transformer des données en textes. En France, le site d'information du quotidien Le Monde a eu recours à *Data2Content*, solution automatisée de création de contenu rédactionnel pour écrire environ 36 000 articles à l'occasion des élections cantonales de mars 2015.

Le fonds Google *Digital News Initiative*, doté de 150 millions d'euros, a annoncé le 6 juillet avoir accordé plus de 21 millions d'euros à 107 projets médias numériques issus de vingt sept pays européens. Parmi ces projets, Radar *(Reporter and Data and Robots)*_ est un site d'actualité britannique dont les articles seront rédigés par des robots journalistes. Il va être financé par Google à hauteur de 800 000 dollars. Ce médium est édité par le regroupement de journaux de province anglais Press Association. Radar, une fois lancé, fournira des informations locales quotidiennes (environ 30 000 articles par mois) en combinant expertise éditoriale et automatisation grâce à l'offre croissante de données ouvertes et à la sophistication croissante des outils de distribution. La presse écrite n'est pas la seule concernée, au Japon le robot Erica créé par le japonais Hiroshi Ishiguro va devenir la présentatrice d'un journal télévisé.

- livreur

En 2017, l'état de Virginie aux Etats-Unis a légalisé la livraison de petits colis aux particuliers par des robots livreurs qui ont le droit d'emprunter les trottoirs et les passages pour piétons. Cette loi autorise les robots livreurs à opérer sur les trottoirs et les passages piétons à travers tout l'État. La vitesse maximale autorisée est néanmoins 10 miles par heure pour une charge dont le poids ne devra pas excéder environ 23 kg. Par rapport à l'enjeu du dernier kilomètre en terme de logistique, cette solution est un début d'automatisation des segments finaux de la chaîne de distribution finale de biens.

Amazon expérimente actuellement le robot *Scout* de la taille d'une glacière, pour livrer à domicile en cheminant sur les trottoirs des villes en étant capable d'éviter les piétons et les obstacles. Ce robot autonome peut se guider effectivement seul et être théoriquement autonome pour les livraisons aux clients. A l'avenir, ce petit robot pourrait donc remplacer le travail des livreurs, parfois négativement connus pour maltraiter les colis ou pour voler.

FedEx va expérimenter à Memphis, cet été, le *FedEx sameday bot*, un engin autonome de livraison ciblé pour des livraisons du jour sur le dernier kilomètre.

- manipulateur mobile

Le robot ATLAS se présente sous la forme d'un androïde de 1,50m et de 75 kg. Il a été développé par la société robotique américaine Boston Dynamics avec des financements de la DARPA (*Defense Advanced Research Projects Agency*). Il a été présenté au public une première fois en 2013, C'est un manipulateur mobile qui se déplace sur une grande variété de terrains y compris la neige. Il peut franchir des obstacles. S'il tombe il peut se relever. Il peut participer à des services d'urgence pour la recherche et le sauvetage.

- médecin

En Chine, le robot *Xiaoyi* (docteur en mandarin) doté d'intelligence artificielle a obtenu lors d'une épreuve d'examen national pour devenir médecin non seulement son diplôme mais il a terminé l'épreuve en seulement soixante minutes, alors que dix heures sont accordées aux candidats humains. Le robot a obtenu un résultat de 456 points sur 600 alors que la note minimale pour réussir l'examen était de 360. Ce robot commercialisé en 2018 par la société iFlytech permettra d'assurer des soins de qualité dans les zones rurales où il y a pénurie de médecins.

- mannequin

Les mannequins virtuels de plus en plus réalistes, à base d'images de synthèse, se développent. Ils servent à réaliser des cabines d'essayage qui permettent de guider un achat de vêtements en permettant de rentrer ses mensurations pour avoir un rendu, ou pour présenter des collections de mode.

- militaire

Les robots militaires sont à distinguer des drones qui en sont une sous-classe. Ils sont beaucoup utilisés par les armées pour simplifier la vie des soldats et limiter les pertes humaines. Parmi les catégories de robots : les robots de combat équipés d'armes comme le robot *swords* utilisé par l'armée américaine depuis 2004, les robots démineurs.

- politique

Le concept de gouvernementalité créé par Michel Foucault désigne la ratio-nalité propre au gouvernement de la population. Cette rationalité se retrouve à la fois dans des institutions et des analyses scientifiques, dans une forme de pouvoir sur la population que l'on appelle le gouvernement et dans la construction d'un État administratif qui sert à gérer cette population. Le remplacement dans leurs activités d'êtres humains par des êtres numériques intelligents, n'épargnera pas les politiques qui verront leur pouvoir remplacé par celui d'une gouvernementalité algorithmique basée sur la collecte, l'agrégation, le traitement et l'analyse automatisée de données massives (big data). Des êtres numériques politiques seront capables de mettre en œuvre de véritables techniques de gouvernement.

- radiologue

L'algorithme Chexnet développé par l'université de Stanford est capable d'interpréter des radios de la poitrine, il reconnait quatorze pathologies et se révèle plus efficace qu'un radiologue humain pour détecter une pneumonie. Son expérience est basée sur un apprentissage qui a porté sur l'analyse de centaines de milliers de radiographies d'humains. En Juillet 2018, à Pékin en Chine une compétition a été organisée entre une machine dotée d'intelligence artificielle et des médecins radiologues humains. Les algorithmes de la machine se sont révélés capable d'établir de détecter des tumeurs cérébrales avec un taux de 87% en quinze minutes alors que les radiologues humains ont obtenu un taux de 66% en 30 minutes.

Google a annoncé en juin 2019 la mise au point d'une « intelligence artificielle » capable de déceler des tumeurs du poumon avec des résultats supérieurs à ceux d'un radiologue humain.

- recherche d'emploi

Comme il l'a déjà fait dans 120 pays, Google ouvre en France en Juin 2019, un service de recherche d'emploi doté d'intelligence artificielle. Ce service permet à des demandeurs d'emploi de trouver des offres d'emploi sélectionnées en fonction de critères choisis par les demandeurs : situation géographique, type de contrat, rémunération souhaitée…

- reconnaissance faciale

Un système d'identification faciale est un être numérique chargé de l'identification de visages ou d'objets comme des plaques minéralogiques. Un tel système à grande échelle met en jeu des appareils (caméras vidéo, lunettes), de l'intelligence artificielle, des Big data, du stockage de données, des systèmes informatiques pour les traitements informatiques, des algorithmes d'analyse et des réseaux de communication. Le plus grand projet autour de la reconnaissance faciale a été annoncé en 2014 par le gouvernement Chinois. Sa première mise en service a eu lieu en 2018. Le projet est prévu pour être pleinement opérationnel en 2020. La population concernée est de 1,4 milliards d'êtres humains. Le but de ce projet est d'assurer ordre et sécurité. A cette fin le territoire Chinois sera doté d'un très grand nombre de caméras de vidéo surveillance à haute définition (La haute définition fait des progrès: la société Chinoise Big Pixel spécialisée dans les photos à très haute définition et la réalité virtuelle a produit récemment une photo panoramique de la ville de Shanghaï avec une résolution de 198 milliards de pixels. Cette photo examinée avec un zoom qui semble infini permet de reconnaitre des visages, des plaques minéralogiques de véhicules, des intérieurs d'appartements. Elle résulte de l'assemblage de milliers de photos prises à 360° à intervalles rapprochés et d'un système intelligent de reconnaissance faciale. La police sera également équipée de lunettes à reconnaissance faciale. Le système va assurer à terme la surveillance généralisée de toute la population Chinoise. Toute personne ayant commis un délit, une infraction verra son crédit social amputé d'un certain nombre de points. Des sanctions seront appliquées à ceux qui ont un faible crédit social, avec des mesures civiques telles que, par exemple, l'interdiction de voyager, une promotion professionnelle bloquée, l'interdiction de certains emplois, etc.

Un autre exemple de système de vidéo surveillance est celui mis en œuvre dans le cadre du projet de sécurité publique « *Ciudad Segura* » (ville sûre) lancé fin 2009, par les autorités de Mexico, ville de 22 millions d'habitants, en raison de l'image désastreuse de la ville concernant la sécurité. Le projet a été confié à un consortium Thales/Telmex (opérateur de télécommunications Mexicain). Le consortium a développé un système qui recueille et analyse en temps réel les données issues d'une multitude de capteurs disséminés à travers la ville : 15 000 caméras de surveillance, lecteurs de plaque d'immatriculation, détecteurs de coups de feu, senseurs sismiques, détecteurs de coupure de courant, drones, bornes d'appels d'urgence installées dans les rues … Le système transmet les alarmes aux acteurs concernés (police, pompiers, premiers secours …) quand des événements ou comportements inhabituels sont détectés. Depuis la mise en place du projet, la criminalité a chuté de 48,9 % et le délai d'intervention passé à 2 min 09 s au lieu de 12 min en 2009, a été divisé par 6. Mexico est devenue une ville connectée et intelligente.

Autres exemples d'applications :
- le paiement automatique. Carrefour avec l'entreprise Chinoise Tencent, teste

en 2019 à Shangaï le paiement par reconnaissance faciale ;
- les contrôles de passagers aux aéroports ;
- retrouver des personnes recherchées, des enfants perdus ;
- équiper des distributeurs de billets comme les distributeurs Caixbank en Espagne ;
- les contrôles d'accès à des établissements publics ou privés ;
- la reconnaissance de personnes autorisées à circuler dans un appartement ou une maison ce qui évite les opérations de mise en service ou hors service du système d'alarme.

- sexbots

Les robots sexuels sont de plus en plus avancés et commercialisés. Dans ce domaine, même des robots enfants sont commercialisés. L'entreprise japonaise Trottla a notamment mis en vente un robot à l'effigie d'une jeune écolière. Ce robot est destiné aux pédophiles.

- traducteur

Plusieurs applications sont capables de traduire instantanément des conversations. Elles sont basées sur l'apprentissage automatique.

Le logiciel Skype translator de Microsoft agit comme un traducteur virtuel qui traduit verbalement et littéralement, de façon quasi instantanée, la conversation entre deux interlocuteurs de langues étrangères. Il peut traduire plus de 50 langues.

Google Pixel Buds se présente sous les forme de deux oreillettes permettant la traduction simultanée parmi d'autres fonctions comme écouter de la musique, converser avec Google Assistant, commander à distance ses appareils connectés...

Facebook Artificial Intelligence Reserach (FAIR), le laboratoire de recherche en intelligence artificielle de Facebook travaille sur la traduction simultanée de conversations Facebook entre utilisateurs utilisant des langages différents.

La société Chinoise Timekettle Technologies propose l'outil de traduction instantanée WT2 qui se présente sous la forme de deux oreillettes traductrices et d'un chargeur. Les langues supportées sont l'Anglais, le Français, le Néerlandais, le Polonais, le Norvégien et le Chinois. Le temps de réponse est de 3 secondes et le taux de satisfaction est de 95%.

L'ÊTRE NUMÉRIQUE

Lors du salon *Consumer Electronics Show* (CES) 2019 à Las Vegas, Alibaba, le géant chinois de l'e-commerce a présenté une application de visioconférence avec traduction instantanée.

- véhicules autonomes

Véhicules routiers

C'est une voiture, un camion, un autobus,... capables de rouler en toute autonomie dans le trafic routier, sur une infrastructure non spécifique et sans l'intervention d'un être humain. Six niveaux ont été définis pour qualifier une voiture autonome. Avec le niveau 0, le conducteur garde totalement le contrôle sur toutes les fonctions du véhicule. L'ordinateur de bord ne peut pas prendre le contrôle du véhicule mais, s'il existe, il peut tout de même assister le conducteur via des fonctions comme le freinage d'urgence, des alertes sonores lors du franchissement d'une ligne, ou la détection d'un obstacle avec une caméra de recul. Le niveau 1 correspond à un conducteur assisté, l'ordinateur de bord peut gérer la vitesse ou la direction, le conducteur gardant la main sur l'autre fonction ainsi que le contrôle total du véhicule. Le régulateur de vitesse est un exemple de conduite autonome de niveau 1. En fonction du véhicule qui précède votre voiture, l'ordinateur de bord peut décider de ralentir pour conserver les distances de sécurité. Avec le niveau 2, la voiture peut prendre le contrôle de la vitesse et de la direction. On peut retenir comme exemple l'assistant de stationnement : l'ordinateur de bord se charge de conduire temporairement le véhicule, le conducteur ne faisant que superviser les opérations. Il se doit malgré tout d'être très attentif et de reprendre le contrôle en cas de défaillance du système car sa responsabilité est toujours entièrement engagée. Avec le niveau 3, le conducteur délègue totalement la conduite dans des situations prédéfinies mais il doit malgré tout être capable de reprendre le contrôle du véhicule surtout lorsque le véhicule lui signale son incapacité à gérer la situation, par exemple dans un embouteillage. Dans le niveau 4, il n'y a plus de conducteur dans certaines situations prédéfinies comme celle d'une voiture capable d'aller se garer dans un parking et qui pourra également revenir chercher son conducteur le moment venu. Le niveau 5 correspond à une voiture totalement autonome. La voiture est capable de conduire dans toutes les situations. L'ordinateur de bord prend le contrôle sur toutes les fonctions de la voiture.

Le véhicule va pouvoir réaliser en toute autonomie, de nombreuses fonctions : capable de sortir de son garage, venir chercher des passagers, faire un créneau, aller se garer, signaler une panne à un centre de maintenance, se rendre dans un centre de maintenance pour une révision, une réparation, le remplacement de pièces comme les pneumatiques, appeler des services d'urgence en cas d'accident, conduire. Ceci est réalisé par des logiciels embarqués dans l'ordinateur de bord du véhicule qui communiquent localement avec un réseau de capteurs et de sondes, un GPS pour se diriger, ainsi que différents organes du véhicule pour la conduite. A titre d'exemple, le système d'intelligence artificielle WATSON d'IBM sera embarqué à bord des véhicules de General Motors en lien avec la plateforme de connectivité OnStar.

Le véhicule se connecte aussi à des systèmes informatiques comme un centre de maintenance, un centre d'urgence ainsi qu'avec ses utilisateurs : son propriétaire, la famille de son propriétaire, s'il s'agit d'un véhicule personnel, ou bien des agents de la société à laquelle il appartient.

Les professions de chauffeur routier et de chauffeur de taxi, de VTC (Voiture de Transport avec Chauffeur) comme Uber, les conducteurs d'ambulances, et de tout autre transport professionnel, vont être à terme remises en cause. Compte tenu des avancées techniques dans le domaine, des études prédisent le déclin de ces emplois à partir de 2025, Les chauffeurs d'Uber seront dans le même cas. Uber dont un véhicule autonome en test a été impliqué dans un accident mortel en 2018, mise sur les véhicules autonomes qui permettront de faire baisser considérablement les tarifs des courses en supprimant les chauffeurs humains.

Drones terrestres

Les drones terrestres ont de nombreuses applications civiles (applications industrielles, inspection d'environnements à risque comme ceux d'une centrale nucléaire, entretien de cultures en agriculture, pollinisation pour pallier la raréfaction d'abeilles (La société Dronecopter commercialise aux Etats Unis entre autres, des mini-drones pollinisateurs et des drones militaires (UCAV : Unmanned Combat Air Vehicle) qui sont équipés de matériel d'observation et/ou d'armements divers pour des interventions ciblées, la surveillance de frontières...

Aéronefs autonomes

Au-delà des pilotes automatiques qui sont des systèmes embarqués cohabitant avec des pilotes humains, des travaux sont conduits par le consortium ASTREA (*Autonomous Systems Technology Related Airborne Evaluation and Assessment*), pour des avions autonomes, sans pilotes humains. Au cours de l'expérience appelée « the Flying Test Bed », un avion autonome a transporté des humains sur 800 km entre l'Angleterre et l'Ecosse. Cette expérience a été réalisée par l'ASTREA (*Autonomous Systems Technology Related Airborne Evaluation and Assessment*), consortium fondé par le gouvernement britannique et constitué d'entreprises privées.

La société Boeing envisage des premiers essais d'avion autonome en 2018. L'enjeu économique est important. De source UBS (société de services financiers Suisse), les gains que feraient les compagnies aériennes se chiffreraient à 35 milliards en économisant les salaires des pilotes, leur formation et les économies en carburant et également en sécurité, 80% des accidents d'avion sont dus à des erreurs humaines. Mais encore faudra-t-il vaincre les réticences des passagers et des syndicats de pilotes.

Drones aériens

Ce sont des aéronefs qui ne transportent pas des êtres humains. Ils sont contrôlés par télécommande-radio, par ordinateur, téléphone ou encore ils peuvent être totalement autonomes. Ils sont de plus en plus utilisés dans le cadre de très nombreuses applications civiles (livraisons, cartographie, surveillance, aide à l'agriculture ou à la lutte incendie) et militaires (drones de combat armés, de surveillance). Les drones sont une sous-classe des robots.

Bateaux autonomes

Rolls Royce s'est allié en 2017 avec Google pour la conception de systèmes de navires autonomes. Les navires sans équipage sont prévus en 2020.

Les drones maritimes sont déjà opérationnels. Sur l'eau ou sous l'eau ils rendent de nombreux services. Les drones sous-marins sont les futurs explorateurs des abysses des océans qui sont pratiquement inconnus.

- voiturier

La société Stanley Robotics commercialise un système composé d'un gestionnaire de robots voituriers autonomes doté d'intelligence artificielle pour optimiser les places de parking. Vous laissez votre véhicule dans un box et vous gardez les clés. Un robot électrique qui ne pollue pas le parking, vient récupérer votre véhicule dans le box, analyse votre véhicule, le soulève et le tracte vers une place de parking libre ou l'inverse quand vous récupérez votre véhicule. Les parkings sont extérieurs ou intérieurs et nécessitent peu de modifications. Ils sont sécurisés car il n'y a aucune présence humaine dans les parkings.

CONCLUSION

> Que nous réserve le XXI siècle,
> ça va être terrible.
> Jean Ferrat

> Il n'y a sans doute rien à espérer de l'avenir.
> Jacques Attali

> L'homme a tant fauté qu'aucune punition
> n'est à exclure
> Eldorado – Laurent Gaudé

> Le danger que l'on pressent, mais que l'on ne voit pas, est celui qui trouble le
> plus.
> Jules César

Science et techniques numériques couvrent un spectre très large en termes de puissance de traitement, volumes de stockages, débits sur des réseaux. Cette puissance matérielle est exploitée par l'industrie des logiciels et rend possible ce qui était impossible il y a quelques années en arrière. Les techniques numériques sous différentes formes (appareils, services, applications) s'insinuent dans la vie des êtres humains avec des transformations profondes sur leurs relations, leur environnement et leurs activités dans tous les domaines. Elles se rendent indispensables et de plus en plus incontournables. Elles cohabitent avec les êtres humains dans des tâches dont elles augmentent la productivité où bien elles se substituent complètement à eux en les rendant inutiles. Le réel régresse au profit du virtuel. L'être humain a créé ce qui est appelé dans ce livre des êtres numériques qui sont des systèmes informatiques composés de matériels et logiciels exécutant des algorithmes de plus en plus dotés de fonctions d'intelligence artificielle, de fonctions de robotique et d'automatisation Ces êtres numériques sont précis, rapides, infatigables. Ils sont des êtres de langage avec qui demain nous commençons à converser en langage naturel. Si les êtres humains sont les concepteurs des algorithmes, ils apprennent aussi aux êtres numériques à les modifier ou à les définir eux-mêmes c'est l'apprentissage profond de l'intelligence artificielle. Allons-nous perdre le contrôle de ces êtres numériques s'ils peuvent un jour décider de ce qu'ils font dans un environnement pervasif ? Courons nous le risque d'une prise de conscience des dangers que pourraient présenter les êtres numériques et exprimer des regrets comme A.Einstein l'a fait au sujet de son invention de la bombe atomique ? Faut-il envisager comme Alexandre Grothendieck (célèbre mathématicien) dans son discours de 1972 *Allons-nous continuer la recherche scientifique* de ne pas poursuivre la recherche scientifique bouleversée par l'intelligence artificielle au prétexte qu'elle est « un des facteurs, parmi bien d'autres, menaçant la survie de l'espèce humaine » ?.

Le fossé entre être numérique et être humain se réduit, l'être numérique est en passe de devenir dans de nombreux domaines un alter ego de l'être humain c'est à dire une personne de confiance chargée d'en faire le plus possible à sa place. Il va bouleverser le modèle social et économique et ce qui est inquiétant mettre en question l'utilité de l'être humain dans de nombreux domaines d'activité. Un autre danger est le transfert d'intelligence et de savoir faire de l'être humain vers l'être numérique. A quoi cela va-t-il servir aux êtres humains d'acquérir des savoirs si des êtres numériques en sont eux-mêmes capables et qu'en plus, ils vont s'acquitter d'innombrables tâches à notre place ? Autant se décharger sur eux. La baisse du QI des êtres humains est en cours. Pour être au fait des innovations et savoir s'adapter, les êtres humains vont devoir apprendre à apprendre, c'est le « méta-apprentissage ». Le préfixe méta issu du Grec, exprime dans ce contexte, le fait d'aller au-delà. L'être numérique pousse l'être humain vers le haut (pour ceux qui en ont les capacités). Les êtres humains qui ont assimilé et contribuent à l'évolution des techniques numériques (évolution artificielle en prolongation de celle biologique de Darwin) par exemple par la conception de logiciels, d'algorithmes ou de matériels dans les domaines de l'informatique, des automatismes ou de la robotique vont concevoir et maîtriser des êtres numériques, mais à quelles fins ? A cause de cette vie artificielle qui croit de manière irréversible et qui va cohabiter avec la vie humaine, l'humanité vit une phase de transition parmi d'autres, sans savoir sur quoi elle va déboucher. Le numérique connait une phase d'expansion très rapide et parfois violente, toutes proportions gardées comme un Big bang et nous en sommes au début. A quelles innovations, transformations et bouleversements faut-il s'attendre dans un monde de plus en plus numérique ?

L'ÊTRE NUMÉRIQUE

VOCABULAIRE

Les définitions des termes ci-dessous sont relatives au monde numérique. Certains termes (appareil, machine, réseau) peuvent avoir un autre sens dans d'autres domaines.

3D : Trois Dimensions.

Agent conversationnel : voir CHATBOT.

Algorithme : L'origine du mot algorithme est due au mathématicien arabe al-Kwharizmi (783-850). Dans le monde numérique, c'est une suite finie et non ambiguë d'opérations ou d'instructions permettant de résoudre un problème ou d'obtenir un résultat. Des algorithmes sont déroulés dans le cadre de l'exécution de programmes (logiciels).

Androïde : désigne ce qui est de forme humaine. Dans le monde numérique, les robots à forme humaine sont appelés des androïdes.

Anthropocène : Nouvelle ère après l'ère géologique attribuable à l'activité humaine. Considérant que tous les humains ne sont pas responsables des effets de l'anthropocène, un concept alternatif désigné par le terme capitalocène ciblé sur le capitalisme est parfois utilisé.

Appareil : assemblage de composants (exemple : téléphone) qui réalisent une ou des fonctions. Terme dont l'usage courant est plus général que le terme machine. Exemple : une machine à laver le linge est un type d'appareil électroménager.

Architecture orientée services : voir SOA

ASCII : *American Standard Code for Information Interchange ;* Code américain normalisé pour l'échange d'information.

ASIC : *Application Specific Integrated Circuit,* littéralement « circuit intégré propre à une application ».

Avatar : personnage virtuel représentant un être humain sur internet.

BATX : acronyme pour Baidu, Alibaba, Tencent et Xiaomi. Ce sont les pendants asiatiques des GAFAM

Blockchain : chaîne de blocs ; C'est une technique de stockage et de transmission d'informations, transparente, sécurisée, et fonctionnant sans organe central de contrôle (définition de Blockchain France). Par extension, une chaine de blocs constitue une base de données qui contient l'historique de tous les échanges effectués entre ses utilisateurs depuis sa création. Cette base de données est distribuée et sécurisée par une technique de chiffrement : elle est partagée par ses différents utilisateurs, sans intermédiaire, ce qui permet à chacun de vérifier la validité de la chaîne. De nombreuses monnaies virtuelles et crypto-monnaies utilisent cette technique.

Bot : robot virtuel composé uniquement de logiciel. Par opposition au robot physique qui est une machine composée de matériel et de logiciel.

Capitalocène : voir Anthropocène.

CAPTCHA : *Completely Automated Public Turing test to Tell Computers and Humans Apart ;* famille de tests de Turing permettant de différencier de manière automatisée un utilisateur humain d'un ordinateur. De manière concrète, un *captcha* consiste à faire saisir par un utilisateur humain à un terminal, une courte séquence visible sur une image, afin de différencier l'utilisateur humain d'un éventuel robot.

CHATBOT : (agent conversationnel), logiciel programmé pour simuler une conversation en langage naturel.

Cyber : préfixe qui désigne des activités issues de la révolution numérique.

Cybernétique : Selon Wiener en 1948, c'est la science qui étudie exclusivement les communications et leurs régulations dans les systèmes naturels et artificiels. Selon Louis Coffignal dans les années 1950, « la cybernétique est l'art de rendre l'action efficace ».

Dataisme : autorité sur l'être humain résultant du transfert de l'autorité humaniste et des religions aux algorithmes et aux données.

Deepfake : vidéos réalistes truquées obtenues au moyen de la technique de permutation intelligente de visages utilisant la synthèse d'image basée sur l'intelligence artificielle.

Digital : synonyme de numérique

Donnée : élément fondamental (ex : nombre, mot).

Fab Lab : (*fabrication laboratory*) laboratoire de fabrication d'objets, ouvert au public.

Fake New : voir Infox

FAT ML : *Fairness, Accountability and Transparency in Machine Learning* ; Equité, responsabilité et transparence dans l'apprentissage automatique des machines.

FPGA : *field programmable gate array*, ce sont des circuits intégrés logiques, configurables et modifiables.

Framework : voir infrastructure logicielle.

GAFAM : Acronyme des géants du Web suivants : Google, Apple, Facebook, Amazon et Microsoft.

GDPR : *General Data Protection Regulation* ; Règlementation Européenne de contrôle et sécurisation des données.

IHM : Interface Homme-Machine ; voir Interface.

Hyperconvergence : type d'architecture informatique matérielle qui intègre de façon étroitement liée les composants de traitement, de stockage, de réseau et de virtualisation.

Infobésité : *information overload*, désigne l'excès d'informations reçues par une personne qu'elle ne peut traiter ou supporter sans préjudice à elle-même ou à son activité.

Information : donnée à laquelle est associé un sens.

Infox : fausse nouvelle.

Infrastructure logicielle : *framework* ; ensemble d'outils et de composants logiciels de base utilisés pour réaliser un logiciel système ou applicatif.

Intelligence : capacité à résoudre des problèmes. En ce sens, l'intelligence croise l'autonomie et l'adaptabilité, grâce à la capacité d'apprendre d'un environnement dynamique.

Intelligence artificielle (IA): capacité à résoudre des problèmes par des techniques numériques (algorithmes).

Interface : composant matériel ou logiciel par lequel ont lieu des échanges et des interactions avec un autre composant. Un écran, un clavier physique ou virtuel, un dispositif audio sont des exemples d'Interfaces Homme-Machine (IHM) courants d'un ordinateur, d'un smartphone, d'une tablette…

Informations : données qui ont un sens.

Intergiciel : en anglais Middleware. C'est un logiciel intermédiaire entre logiciel système et logiciel applicatif. Le but d'un intergiciel est d'offrir des services aux applications qui simplifient leur développement. Exemple : services de bases de données.

Internet of Things (IOT) : Réseaux d'objets connectés à internet.

Introspection : dans un contexte numérique, capacité d'un programme informatique à regarder son propre état.

IP : Internet Protocol ; protocole internet qui régit les communications dans le réseau internet.

Java : langage informatique qui permet grâce à sa machine virtuelle de rendre un logiciel indépendant du matériel qui va l'exécuter. La devise de Java est « *Write once, run everywhere* », littéralement « écrire (un programme) une fois, l'exécuter partout ».

Logiciel : programmes composés d'instructions exécutables par une machine programmable (par exemple un ordinateur, un microphone, une tablette) qui référencent des données nécessaires à ces opérations.

LoRaWAN : *Long Range Wide-area network*; réseau étendu à longue portée pour les communications à bas débit par radio d'objets connectés.

Machine : Dans un contexte numérique, assemblage de composants (exemple : ordinateur) qui réalisent des fonctions. Voir appareil.

MaaS : *Mobility as a Service*; mobilité comme un Service ; Simplifie et facilite l'utilisation de transports urbains.

Matériel : appareil, équipement, machine, objets qui sont physiques (*hardware*) par opposition au logiciel (*software*) qui est immatériel.

Meta : indique un niveau supérieur

Métadonnée : une méta donnée est une donnée (de niveau supérieur) qui donne un sens à une donnée (de niveau inférieur) qui lui est associée. Prenons comme exemple le nombre 25. Hors contexte, on ne sait pas à priori ce que signifie 25, une longueur, une température, un âge ? Par exemple si 36 signifie une longueur en cm, la méta donnée 36 associée à 25 va permettre de savoir que la donnée 25 représente une longueur de 25 cm. Une donnée avec un sens devient une information.

Microprocesseur : Processeur miniaturisé où tous les composants sont réunis dans un seul boitier.

MIT : *Massachusetts Institute of Technology* ; Institut de technologie du Massachusetts, institut de recherche américain et université.

MOOC : *Massive Open Online Courses ;* cours gratuits ouverts en ligne pouvant accueillir un très grand nombre de participants.

NATU : acronyme de Netflix, Airbnb, Tesla et Uber

Numérique : représentation de l'information par un nombre fini de valeurs discrètes représentées en système binaire par des 0 et des 1.

Objet connecté : objet doté de capteurs, sondes, actionneurs et de fonctions de communications lui permettant d'envoyer et/ou de recevoir des données via des réseaux et éventuellement de traiter des commandes reçues.

VOCABULAIRE

Ordinateur : machine électronique programmable capable d'exécuter des applications informatiques, exemple un PC, un serveur.

Programme informatique : Ensemble d'opérations destinées à être exécutées par un ordinateur et plus généralement par un appareil programmable (ex smartphone, tablette,...).

Rançongiciel : *Ransomware* ; Programme malveillant reçu par courriel ou mis à disposition sur un site Internet, qui provoque le chiffrement de tous les fichiers d'un ordinateur (et des fichiers accessibles en écriture sur les dossiers partagés si l'ordinateur est connecté à un réseau informatique).

Réalité augmentée : *augmented reality* ; intégration et rajout en temps réel d'information numérique à un environnement utilisateur réel.

Réseau de communications : infrastructure de communications électroniques utilisant des liaisons (filaires ou sans fil) et des équipements (modems, routeurs, concentrateurs...) réalisant la transmission de données. Un réseau peut être fixe ou mobile, local ou longue distance. La convergence est une innovation importante des réseaux informatiques. Elle permet le transport sur les mêmes supports de tout type d'information numérique (signaux, données, voix, images, vidéo).

RGPD : Règlement Général sur la Protection des Données. Voir GDPR.

RNA : Réseaux de Neurones Artificiels.

Robot : Du tchèque *robota,* signifie travail forcé, corvée. Ce mot a été utilisé la première fois en 1920 par l'écrivain tchèque Karel Çapek, dans une de ses pièces de théâtre *(R. U. R. [Rossum's Universal Robots])* pour dénommer un androïde capable d'accomplir tous les travaux normalement exécutés par un humain.

Serveur : ordinateur qui offre des services logiciels d'exécution de programmes à un ou plusieurs clients. Un exemple de configuration classique d'entreprise est un ensemble de PC's connectés localement ou à distance à un serveur informatique avec de grosses bases de données.

Sexbot : robot sexuel.

Singularité : point au-delà duquel le progrès dû à l'intelligence des êtres humains laisserait place à celui d'intelligences artificielles. Il aurait lieu vers 2045 d'après Ray Kurzweil (informaticien, futurologue et transhumaniste).

SOA : *Service Oriented Architecture* ; architecture orientée service qui consiste en le développement modulaire d'applications sous la forme de services qui interagissent via des interfaces programmatiques qui cachent comment les services sont réalisés.

Système cyber-physique : *Cyber Physic System* ; système où des éléments informatiques collaborent pour le contrôle et la commande d'entités physiques.

Système informatique : Services fournis par un ensemble de matériels et de logiciels informatiques qui fonctionnent ensemble.

XAI : eXplainable Artificial Intelligence; intelligence artificielle explicable, programmée pour décrire ses buts, son rationnel, son processus de prise de décisions d'une manière compréhensible par une personne humaine d'un niveau intellectuel moyen.

TABLE DES MATIÈRES